歴史文化ライブラリー

22

江戸の風刺画

南　和　男

吉川弘文館

目次

現代と江戸の風刺画

現代社会と風刺画

漫画は世界の共通語

いつの世でも、どこの世界でも、時の為政者や権力者にたいする批判は存在する。それはさまざまな形で表現される。たとえばいささか古くなるが、あのスターリンやヒトラーの時代でさえも、ロシアやドイツでは辛辣な政治風刺のジョークが、人々の口から口へと伝えられたのである。強力な独裁体制が批判の声を抑圧しても、歴史の表面にあらわれてこない声なき声は、低くかつ広く伝わっていくのである。

現代の平和な世界では、政治漫画がさかんである。その背景には、ユーモアを求める多くの一般市民の存在がある。多くの市民の要求が各国で漫画専門誌を出現させ、そして今なお盛況をみているのであろう。去る昭和三十四年（一九五九）にベルギーで第二十三回の国際漫画展が開かれた。そのおりは四五ヵ国から八〇〇点の「一コマ漫画」が寄せられ、日本の坂井貞夫氏が大賞を受けた。このほかモントリオールやイタリアのボルディゲラでの国際漫画展があり、これらをあわせ世界三大国際漫画展と称されている。このように漫画の世界的盛況は、まさに「漫画は世界の共通語」を示すものといえよう。

日本では平成三年（一九九一）、京都で国際マンガ展が開かれた。そこではペレストロイカを皮肉った作品や、「外国から見たニッポン」をテーマとしたもので、四三ヵ国の著名マンガ家から、一〇〇〇点を超える作品が寄せられたという。そして最初の五日間で一万六〇〇〇人の観客があり、目標の三倍を超える盛況であった。引き続いて平成八年、「二一世紀への提言」をテーマに「第二回京都国際マンガ展」が計画され、すでに四二ヵ国から二〇〇〇点近い作品が寄せられているという。

生きた現代史　漫画のなかに政治漫画という分野がある。風刺漫画ともよばれる。京都国際マンガ展は、まさにこれである。ロシアの政治漫画の長老エフィーモフの、ピリッとワサビのきいた作風は、ロシア市民のなかで人気が高い。世界的悪評の官僚主義など、風刺の材料に不足はないようである。かつての独ソ戦争は、政治漫画による風刺の好材料であった。エフィーモフとクークリニクスの描いた政治漫画はヒトラーを怒らせ、「見つけしだい絞首刑にせよ」と命令していたという。そのエフィーモフが半世紀にわたって、政治機関紙『イズベスチア』にのせた漫画は、そのまま見事な国際関係史になっているという。

ひるがえって現代の日本ではどうであろうか。近年まで『朝日新聞』に横山泰三氏が長期にわたって「社会戯評」を掲載したのは印象に深い。また山田紳氏は五年間のあいだに描いた三〇〇点を収めた漫画集を刊行したが、それは「ちょっとした現代史」であると評されている。横山氏の「社会戯評」も、庶民サイドから生き生きと描いた戦後昭和史として、貴重なものである。このように洋の東西を問わず、すぐれた風刺漫画は生きた現代史としての性格を持つのである。では今から一〇〇年以前の江戸の風刺画は、どのようなものであったかについて述べてみたい。

江戸の風刺画

いったい江戸時代には、幕政・幕閣あるいは社会・世相への批判は、落書・落首という形でなされていることが少なくない。それは正史にはみられない真実の一面を鋭く突いたものであることが多い。文字通り「寸鉄《すんてつ》人を殺す」ものであり、「天に口なし、人をしていわしむ」ものであった。

天に口なし

その落書・落首とならんで風刺画がある。それは文字による表現と異なり、「絵」という表現手段によるので、ある程度の絵心を必要とするため等もあってか、落書や落首にくらべるとその数ははるかに少ない。また筆写が容易でないため伝わりにくいし、残ることも少ない。描かれたものが素人《しろうと》によるものであっても、それなりに風刺がきいて面白ければ、人々から喝采をうける。そのようなものは古くからあった。

たとえば足利八代将軍義政の康正元年（一四五五）正月のことである。幕政に容喙《ようかい》して横暴な振舞いが多く、世人から憎まれていた者を告発する落書が京都のとある路頭に立てられた。そこには御今（女官）、有馬、烏丸の三人の似顔絵が描かれてあった。オイマ、アリマ、カラスマルの三魔という洒落《しゃれ》になったのが妙だと、世人は喝采した。

また幕末の壬生《みぶ》藩では藩の収奪強化にたいし、領民の不満が落書や落文、駕籠《かご》訴などとなって爆発した。そのおり壬生城の辰巳《たつみ》門に、足に膏薬《こうやく》を張った座頭《ざとう》の絵が張り付けてあった。それは「お上《かみ》は目が悪いので、下《しも》がいたむ」という意味であるという評判であった。

右にあげた二つの例のように、時の人々から喝采をうけても、その絵は伝わっていないようである。この種のものは誰かが書きとめ、写しとっておかなければ、時代の推移とともにいつしか忘れられたり、散逸したりする。右の二つの事例のように、記録されても絵そのものは残る機会が大変に少ないのである。

戯画と風刺画

江戸時代の風刺画について、個々の作品をとりあげて論じられたものはあるが、諸作品を総合的にとりあげ、あるいは歴史的に体系化したものは見当たらない。風刺画そのものが落書類にくらべて量的に少ないばかりでなく、研究がほとんどなされていないといってよい状態なのである。歴史書ではせいぜい挿絵にアクセサリー程度に使用されるにすぎない。また美術界では、戯画といっただけで作品の価値を低くみられる傾向があるように聞いている。

風刺画あるいは風刺戯画というからには、たんなる戯画と異なり、風刺や批判の精神がふくまれていなければならないことは、いうまでもない。しかし、ものによってはその境目の判断が微妙でむずかしい場合がある。とくに文芸作品――黄表紙《きびょうし》など――の挿絵のなかには、戯作者は風刺の意図はなく、たんなるパロディーにすぎないという指摘もある。たとえば黄表紙のなかに、天明末から寛政初年にかけて一連の改革物と称すべきものがある。本書でとりあげたいくつかの諸作品がこれに属するものであるが、幕府より絶版を命じられた『鸚鵡返《おうむがえし》文武二道《ぶんぶのふたみち》』『天下《てんか》一面《いちめん》鏡《かがみの》梅鉢《うめばち》』や『黒白《こくびゃく》水鏡《みずかがみ》』などでさえも、幕府を風刺するものでなく、たんなる穿《うがち》であるとする解釈がある。このような見方について若干述べてみたい。

黄表紙の風刺

ある黄表紙の内容が風刺か、あるいはたんなる「うがち」かパロディーにすぎないかについて考える場合、まず第一に考慮されるべきことは、幕府の出版統制策である。田沼政権崩壊直後の『文武《ぶんぶ》二《に》道《どう》万石《まんごく》通《とおし》』ですら、当局をはばかって文の一部や挿絵の「梅鉢紋《うめばちもん》」（松平定信《さだのぶ》を暗示する）を削除した異版のあることが報告されている（水野稔「黄表紙における刊年と異版の問題」『国語と国文学』昭和三十三年七月号）。そして作者の朋誠堂喜三二《ほうせいどうきさんじ》は江戸留守居《るすい》の職より国勝手《くにかって》に転じ、挿絵を描いた行麿《いくまる》こと小笠原藩の留守居も主人より咎《とが》をうけたという（『よしの冊子』）。『黒白水鏡』を著わした石部琴好《きんこう》は追放となり、画工の北尾政演《まさのぶ》（山東京伝《さんとうきようでん》）も過料となった。また唐来《とうらい》参和《さんな》の『天下一面鏡梅鉢』は幕府から絶版を命じられたし、恋川春町《こいかわはるまち》の『鸚鵡返文武二道』は作者の死を早めた。これらは寛政元年（一七八九）に処罰をみたものであるが、同三年（一七九一）には京伝が手鎖《てぐさり》となるなど、改革の新政は出版物取締りに厳しいものがあった。

このような情況のもとでの時事を扱った出版物であるから、その風刺性は現代より見れば希薄であり、あるいは鋭さに欠けて物足らない面もあろう。それゆえに表面的な諧謔《かいぎやく》滑稽として見逃されやすく、作者の意図もとかく軽妙洒脱《けいみようしやだつ》なものにすぎないとされがちである。

しかし、である。当時としては改革政治あるいは世相風刺のぎりぎりの表現であったことを十分に留意していただきたい。幕府当局からにらまれたら、どのようになったかは右にみたとおりである。これらのことは、いくら強調してもしすぎることはないのである。作者の意図するもの、あるいは作品の表現をより注意深く読み、隠された風刺の針を探るべきであろう。当時の作者や画工、それに板元はそれなりに相応の危懼の念を抱いていたことと思われるのである。

ひとり歩きする風刺画

第二に京伝ら黄表紙作者の意図が風刺にあったのか否かは別としても、改革政治や時の世相を題材にとり、それを戯画化したことは歴然とした事実であり、それは否定しえない事実である。そして一度できあがった作品は、読者によって作者の意図とは異なった受けとめかたがなされ、あるいは作者の予期しない解釈が下され、作品自体がひとり歩きすることがある。あいまいに表現された時勢風刺ほどその可能性が大きいことは、後述する歌川国芳《くによし》の「源頼光公館土蜘作妖怪図《みなもとのらいこうこうやかたつちぐもようかいをなすのず》」の項をお読みいただければ、容易に理解していただけるであろう。そこでは一人の人物や一個の妖怪にたいして、人々はさまざまな解釈を下し、なかには妖怪の一つ一つに付箋を貼って嬉《たのし》んでいた人さえあったのである。絶版された黄表紙がいずれも大きな評判を呼び、異常な売れゆきを示したこと自体が、読者が作者の意図とは別に時勢への批判なり風刺を汲みとっていたことを示す可能性が大きいのである。

第三に幕府当局が評判の大きい「改革物の黄表紙」をどのように解釈したかは、作者の本来の意図とは別問題であることを、しっかりと確認する必要がある。作品はたんなる穿にすぎず、作者には風刺の意志はなかったとする現代の作家論・作品論と、治安を担当する時の幕府当局とはまったく立場を異にするのである。くり返すと、作者とはまた別の読者ならびに幕府当局の立場があり、作者↓読者↓幕府当局と、それぞれニュアンスを異にした解釈をなし、それなりに作品を受けとめる可能性は十分存在したのである。したがって作者に仮に風刺の精神がなかったとしても、読者がその作品なり挿絵に風刺性を感じ取ったからこそ評判が高まり、異様な売れゆきとなったのであろう。幕府当局が絶版に価すると判断したからこそ作者が処罰されたのである。当時の武士や町人が一連の黄表紙に風刺性を感じ、風刺の針を見出した事実を、筆者は重要視したいのである。黄表紙を購読し、風刺をよろこんだ武士や町人の受けとめかた、反応の事実、風刺の針を見とがめた幕府当局のとった処置の事実等を重視し、これらを総合して判断を下すべきではなかろうか。

江戸時代の風刺画

黄表紙の風刺について述べてきたが、このことは江戸時代の風刺画一般についてもいえるのである。風刺画の刊行は画工や板元にとっては、手鎖か追放になりかねないことをあらかじめ想定し、それなりの覚悟はしていたはずである。今日からみると、ナマヌルくてとても批判や風刺に値しないと思われるものであっても、彼らにとっては許されるであろうと思われるギリギリの線であったことを十分に理解していただきたい。幕府は、将軍はもとより幕閣、あるいは政治そのものについて、街々で風評の高まるのを今日では理解し難いほど極度に嫌ったのである。このことは近世史以外の分野の方々には、なかなかわかっていただけないようなので、あえてくり返し強調しておきたいところである。

江戸の風刺画は今日の政治漫画ほど量的に多くは残っていない。したがってその説明はとかく断片的になりがちであるが、封建体制の一面を、あるいは世相を、実に鋭く突いたものがある。当時の人心を知る有力な材料であり、また歴史の実態を描写したものとして、歴史理解を容易にしてくれる。しかもそれが文字や言葉でなく「絵」であるため、具体的でわかりやすく説得力がある。また江戸の風刺画は、江戸っ子のユーモア、批判精神、あるいは日本人の民族性などの考察の対象としても有効であろう。

消費者金融問題のはじまり

検校の金力と取りたて

蒸発した旗本の父子

安永七年（一七七八）、七月晦日に、西丸《にしのまる》御《お》小姓組《こしょうぐみ》の森忠右衛門（三〇〇石、麻布谷町）夫婦ならびに、悴《せがれ》震太郎《しんたろう》（虎太郎）夫婦とその子供一人あわせて五人が突然に家出して姿を消した。今日でいう蒸発である。家財道具はそのままで、家には新参《しんざん》の侍一人、仲間《ちゅうげん》一人と猫一匹が残っていた。旗本の一家、しかも父子二組の夫婦がともども失踪するという、前代未聞の珍事であった。

事件は翌八月四日に発覚し、六日になって正式に届けられたので大騒ぎとなった。同人たちの行方が厳しく捜索されていると、同月二十四日夜、支配頭の門前に森父子が出頭した。忠右衛門は剃髪して衣に輪袈裟《わげさ》をかけ、震太郎は麻上下《あさかみしも》で小田原提灯を手にしていた。

出奔の子細を尋ねたところ、忠右衛門は筋の悪い借金が多くなり、人前にも出られなくなったので家出をした。最初は千住の旅籠屋《はたごや》に一泊し、翌日頭をそり、玄忠《げんちゅう》と名をかえて医者となった（浅草の寺に入ったともいう）。しかし行方を厳しく捜査され、また大勢に迷惑をかけているのを聞いて、ここに立ちもどりましたと答えた。その夜のうちに評定所《ひょうじょうしょ》へ連れて行き、揚《あがり》座敷に入れられた。『寛政重修諸家譜《かんせいちょうしゅうしょかふ》』にも、森忠右衛門は安永七年閏七月晦日の夜逐電《ちくでん》したとある。その息子震太郎の条には「父忠右衛門貧窮にせまり、所々より高利の金を借、かへすべき術なきにより、自殺に及ばんとせしとき」父にすすめて家族をひきいて逐電したとして、追放（一説では遠島《えんとう》）となっている。

森忠右衛門が借金をしたのは、実は貧困のためではなかった。『続談海《ぞくだんかい》』によると一年前に近々部屋住《へやずみ》のものが御番《ごばん》入りできるとの令があり、息子を早く御番入りさせるためには、関係筋の上役に付届けをしなければならない。そのためつい無理をして高利を承知で座頭金《ざとうがね》を借用した。しかし息子の番入りがはたせず、一方、厳しい日々の催促にたえかねて失踪したとある。おそらくこれが真相であろう。忠右衛門は小学文《ママ》もあり、手跡《しゅせき》もよく、いったいに堅い男であった。しかし右のような事件をおこしてしまったのである。同僚たちは皆「学文《ママ》は役に立たないものだ」といったということである。

筋の悪い借金

そこで問題となるのは、森忠右衛門のいう「筋の悪い借金」である。それは当時江戸で広く行われていた高利貸の座頭金である。幕府の政策として座頭は保護されたが、その一つに官金貸付がある。検校《けんぎょう》や配下の座頭の生活を保護するため、五両につき一分（一両＝四分）の利子（年利六割）で金貸しを許していた。町ではこれを座頭金とよんでいた。庶民の金融としては座頭金のほか浪人者や町人、あるいは末亡人による高利貸などがあり、宝暦七年（一七五七）ごろには二人連れの老婆が茶屋に貸し付けた金をわめきながら取りたてるので、車の両輪のように歩くとの意味から、人々からは「車ばゝあ」とよばれ恐れられていた。のち老婆は一人になると、高田城主の榊原氏の家紋が一輪車であったところから、人々は「高田ばゝあ」とよびかえた。その利息は一両貸して一日二〇〇文（約五分）を烏金《からすがね》といって、当日中に返済させた。一晩すぎると泊り烏といって四〇〇文の利息であった。

正徳三年（一七一三）八月晦日、幕府は惣検校へ「近ごろ官金といって礼金を取り、そのうえ三月か四月切りにして早利を取っている。今後は一年に一度の証文とし、また礼金を取ってはならない」と令している。金を貸し付けるときに礼金を取れば、高利はさらに高利となる。しかも一年に一度の証文でなく、一年に三、四回に切ったとあるから、異常な高利というよりまさに暴利であった。

座頭のおどり

面白くないは座頭のおどりなり

　　面白く踊る座頭の五両一

　　座頭金十五夜お月さま見ておどる

といった川柳がある。「踊り」とは、借金の証文を書きかえるとき、古い証文の最後の月を、新しい証文の最初の月に入れてしまうことである。つまり一ヵ月分の二重取りであり、「月踊《つきおど》り」ともいった。第一句は五両につき一分の座頭金の利息をさす。

　やみやみと座頭へ渡る町やしき

これは抵当にした町屋敷が流れていくのをよんだもの。

　座頭金は利息を一割二割と取り、また礼金を一割も二割も取る。右の礼金と利息はともに貸し付ける時、本金の内より差し引くのである。そのうえ三ヵ月か四ヵ月の期間で貸し付け、その期間内に返済できない時は証文を書きかえる。そのおりはまた最初のように礼金を取る。また利息月踊りをする。したがって借りた者は利金・礼金・月踊りなどによって一ヵ年のうちに本金の倍増にもなる。武陽隠士《いんし》は、自分の知っているある検校は金二分から始めて、一〇年の間に一〇〇〇両になったと『世事見聞録《せじけんぶんろく》』に記している。やや誇張もあろうが、まったくの荒唐無稽とはいえないのである。なお、座頭金は必ずしも座頭自身の金ではなく、座頭へ融資して儲ける資金が流入していたことは、今日の状態と同じである。

与力になるのは座頭の子

「座頭の胸をたち割ると金が出る」――とは、ぶっそうな言葉であるが、座頭が金を貯めこんで富裕であることをいっている。安永（一七七二～八一）ごろの落書「七色唐からし」のなかに「与力《よりき》になるのは座頭の子」というのがある。それは町人が金の力で武士となる抜け道に、子弟を養子に送りこむ方法があった。もちろん表沙汰にできることではなかったが、江戸時代の中ごろには広く行われていた。養子先の武士の身分により相場に高低があった。そのおりは持参金という形をとるが、事実上は武士となる権利を買うため俗に「御家人株」とよばれていた。それも普通の「同心株」よりも一段と高い身分の与力、したがって株の値段もそれだけ高価な「与力株」を買い与えられて与力になることができたのは、金持の座頭の子弟であったことを、右の詞は物語っている。

傾城を身請けする検校

当時江戸で屈指の高利貸であった鳥山検校《とりやまけんぎょう》は、安永四年（一七七五）に松葉屋三代目の瀬川を身請けして人々を驚かせた。身代金は一〇〇〇両と伝えられ、市中の大評判であった。それはまた通人たちにも非常な衝撃をあたえた。

洒落本《しゃれぼん》の田螺金魚《たにしきんぎょ》作『契情買虎之巻《けいせいかいとらのまき》』（安永七年）は、「いかに金がほしいとて……張《はり》もいきぢも有て青楼《せいろう》の傾城《けいせい》ならんに、何んぼ女郎がこすくなつても、遊女中間のつらよごし、こんにやくのよごしが、はるかにまし」と痛罵している。『玉菊燈籠弁《たまぎくとうろうのべん》』（洒落本、安永九年）もこのことをとりあげ、瀬川を屁川と罵倒している。さらに黄表紙『吉原語《さとことば》晦《みそか》の月』（安永八年）もこの一件を取材して、高利貸桐山なるものを描いているが、鳥山検校をモデルにしたものであることはいうまでもない。

鳥山検校（当時三五歳）は日本橋瀬戸物町に居住し、家財のほか有金二〇万両、貸金一万五〇〇〇両、町屋敷一ヵ所を所持していた。また日本橋新数寄屋町に居住していた名護屋検校（五〇歳）にいたっては、家財のほか有金二〇〇〇両、貸金一〇万三〇〇〇両余、古貸金五〇〇〇両余、町屋敷一二ヵ所、家質四六ヵ所を所持していた。このほか諸検校勾当《こうとう》、神山鳥山両検校の弟子たちの有金、貸金等を加えると総計三六〜三七万両であったという。

町の人々が座頭金を恐れたのは、その高利よりもむしろ滞納金取り

座頭金の取りたて

たての厳しさにあった。

目鼻を付ろに度々《たびたび》困る座頭金

座頭の坊せつつきながら年を取り

あとの句は大晦日の夜、催促しているうちに年を越してしまったのをよんだものであろう。

座頭のを借りて座頭の鳴りをとめ

激しい座頭金の催促をうけ、返済のためまた別の座頭金から借用して一時しのぎをしたことをよんだもの。鳴りとは、大声でどなり騒ぐことである。水戸の儒学者小宮山楓軒《ふうけん》は、明和・安永（一七六四〜八一）のころ、江戸には小便組《しょうべんぐみ》や座頭金などの悪俗があると指摘し、座頭たちが「数人相互シテ諸侯以下ニ金子ヲ貸シ、其息利ハ尋常《じんじょう》ニ倍シテ収ム。若《も》シ滞《とどこ》フルコトアレバ瞽者《こしゃ》数人其邸の玄関ニ至リ、日夜サラズ、甚シキハ悪言イタラズト云コトナシ」と記している（『楓軒偶記』）。滞納者の家へ大勢で押しかけ、悪態をつくのは彼らの常套手段であった。川柳にも、

やつばらが五六人来てどなる也

とある。『世事見聞録』には、

右貸金の滞りたる時、先《まず》武士ならば玄関の真中へ上り、声高に口上を述べ、居催促《いさいそく》、強催促《こわさいそく》など云ひて、外聞外見を構《かま》はず、また町家ならば、いかにも近所合壁《がっぺき》へ聞るやうに、悪口を並べ罵《ののし》る也。さればとて、全体借りたる筋か不義理に成たる上なれば、何程の事にも言葉返しも出来ず云々。

とある。

彼らは必ず三、四人ずつ連れ立って行動し、わざと借金した家の隣家か向いの家に行き、聞くに堪えない悪口雑言をする。その家で間違いであるというと、それはとんだ失礼をした。何ぶん見えぬことで御容赦願いたいと詫び、それから借金の家に往くという嫌がらせをすることもあった。

消費者金融の背景と風刺

鼠で風刺

図1は黄表紙『通言神代巻《つうげんじんだいのまき》』（恋川春町《こいかわはるまち》作画、天明三年）のなかで、伊《い》ザナギの尊《みこと》の家へ、息子の恵比須《えびす》が大黒より借用した一万八〇〇〇両を、今日ただいま返済せよと大黒天の配下の大勢の鼠たちが押しかけ、玄関先で催促しているものである。「大こく天のお手した白鼠」以下、黒鼠、ふじ色、とき色、ぶちもえぎの鼠たち、それにまだ目のあかぬ鼠までも引きつれて（合計七匹）の催促である。「今日の明日のと気を長く甲子待《かつしま》ちの待ちぼふける。二十日鼠と日延《ひのべ》はならぬ。たつた今残らずおわたしなされい」との強談判《こわだんぱん》に、伊ザナギの尊は片手を頭にやって「せがれ恵比須は留守なり。そういふ大枚《たいまい》の金子《きんす》、急に才覚は出来ません。とふぞ、そんなら十日待つて下さい」と低姿

図１　鼠の借金取り

(『通言神代巻』東京都立中央図書館加賀文庫所蔵)

勢である。鼠に擬せられたのは明らかに座頭《ざとう》たちであり、座頭たちの借金催促を風刺したものである。

大小名や旗本・御家人たちも座頭金《がね》を借用し、その返済に苦慮していた。

おれきれきも借りる

それは、

座頭坊とのに逢はうと大きく出

座頭坊みそ役人を言ひまかし

といった川柳からも明らかである。

殊《こと》に陪臣《ばいしん》は前にも云ことく、右体の事、留守居《るすい》役目付《めつけ》役別て家老番抔《など》の沙汰に及ふ時は、恥辱は勿論の事、殊更盲人の官金は格別なる物と、世間一同心得たる事にて、或は遠慮差扣《えんりよさしひかえ》又家の風に寄ては永の暇《いとま》ともなり、又心弱きものは、夫迄《それまで》の恥辱に堪《たえ》かねて、出奔なとする族《やから》有て、家族等迄一生の難儀に落入る事あり。

と『世事見聞録《せじけんぶんろく》』は記している。

明和二年（一七六五）九月、若年寄松平摂津守忠昌《せっつのかみただまさ》より「座頭共貸金催促之儀ニ付御書付」が出ているが、そのなかに座頭たちが「大勢差しつかはし、武家方ハ玄関等へ相つめ罷《まか》り在《あり》、高声にて雑言申《ぞうげんもうす》、或は昼夜詰切罷り在、彼れこれ我儘《わがまま》なるていにて……右之致方借主へ恥辱をあたへ候て、返金いたさせ候様つかまつる事に候」とある。これより前の正徳三年（一七一三）惣検校への令のなかにも「返金延引の方へ、座頭でも相つめさせ、不作法の仕方がある」と警告している。このように座頭金の催促の度をすぎた強引さは早くより社会問題化していたのである。

高利貸の大検挙

右のように座頭金が江戸の都市悪の一つとして社会問題化していたとき、安永七年（一七七八）九月から翌十月にかけて八人の検校と、勾当《こうとう》と座頭の各一人、それに検校の弟子や門人など合計一七人のほか、浪人らの高利貸がいっせいに逮捕された。その理由は不当な高利と、催促の仕方が不法であるためと諸書は記している。しかしこのいっせい逮捕は先に述べた同年七月の旗本森忠右衛門震太郎父子の失踪事件が直接の引金となったと思われる。森父子の事件がおこると、

金かりて氷砂糖（高利座頭）をかみ砕く　さつても強いお旗（歯）本哉《かな》

という落書がでた。旗本森忠右衛門の背景には、似たような境遇の人々が、大勢存在していたと思われるのである。

金権の時代と世直し大明神

金権の時代

逐電《ちくでん》した旗本の森忠右衛門、および鳥山検校《とりやまけんぎょう》の事件の背景には、金銀万能の世相と士風頽廃の風潮とがあった。前者については、たとえば喧嘩は一〇文、間男《まおとこ》は七両二分（のち五両）で事がすむように、世はすべて現金で解決する気運が横溢していた。川柳にも、

金万能の世相

　据えられて七両二分の膳を喰ひ
　女房の損料亭主五両取り

などとある。このような社会の風潮は武家社会にも反映しないはずはなかった。
汚職などの腐敗は以前よりあったが、安永・天明（一七七二〜八九）の時期になると、

いっそう顕著となった。

役人の子はにぎ〳〵をよく覚え

さまざまの扇を使ふ奉行殿

といった川柳は、この間の消息をよく伝えるものである。饗応《きょうおう》、賄賂《わいろ》、付届け、えこひいき、汚職などは幕府の全組織におよんでいた。当時、長崎奉行になるのには二〇〇〇両、目付《めつけ》は一〇〇〇両と相場がきまっていたという。いまだ部屋住《へやずみ》の息子が御番《ごばん》入りするため、父親が付届けに奔走するのは当時の常識であった。そのころの落書にも、

近年多き物

つぶれ武士　こじき旗本　火事夜盗　金貸座頭　ぶんさんの家

近年なき物

御上洛　社参猪狩　かたき打(討)　金つかはずになつた役人

とある。

田沼政権　当時幕閣の最高位にあったのは田沼意次《おきつぐ》である。小禄《しょうろく》より老中にまで出世した田沼は腹臣を要職につけ、将軍の一門や幕閣の有力者と婚姻を通じて一族の勢力を補強し、反対者を排斥した。迎合しないものは毒殺したとの噂すらある。

安永八年（一七七九）に将軍家治《いえはる》の世子家基《いえもと》が放鷹《ほうよう》の帰路発病して一八歳の若さで急死したのも、田沼の野心によって一服盛られたのだというもっぱらの流説であった。また諸大名の官位・格式の周旋、利権の斡旋などを行って党族を増していった。さらに大奥とも深く結託し、幕府の表裏の実権を掌握するにいたった。

利権のあるところに人々は集まる。利益と権力の双方を握った田沼意次のもとに人々は群集した。田沼の門前は常に市をなし、面会を求め付届けをする人々で大部屋はいつも一杯であったという。田沼の行った積極的な諸政策――特に産業上の政策は、それなりに評価されている。また田沼は賄賂政治の頂点にあったとする従来の説にたいし、さほどのことはなく、諸役人のなかではむしろ潔癖であったとする論もある。しかし老中という時の政治権力の最高の実力者でありながら、悪弊を一掃する政策なり悪習を打破しようとする積極的な行為は、田沼には何一つ見出されないのである。田沼政権は特権商人と結託し、政官に賄賂が横行して、政治の腐敗と堕落は否定しがたいものがあった。

図2は、矢島隆一『江戸時代落書類聚《らくしょるいじゅう》』にみえるものである。同氏はこれを紹介した末尾に「此獣の顔に田沼の足軽《あしがる》の羽織の印が付いている。依て主殿頭《とのものかみ》（筆者注―意次）の事である」と記している。田沼の足軽の羽織の印は詳らかでないが、胸に「田」の字があ

図2　田沼の妖怪

(矢島隆一編『江戸時代落書類聚』残篇2，国立国会図書館所蔵)

図3　まひなゐつぶれの図

(『古今百代叢書』巻8，国立国会図書館所蔵)

ることなどにより、田沼意次を風刺したものであろう。その詞書《ことばがき》はつぎのように記されている。

此度《このたび》去ル御城下へ怪敷替《あやしきかわ》りたるもの出る。其形図の如し。眼の色、相手ニ依て変るなり。一度悪《にく》まれたる者ハ家国を亡し、或ハ其身を失ふ。眼をかける者ハ富貴の身となる。鼻高く高慢なり。智恵と分別とハ皆鼻の先なり。気にいらぬ事ハ鼻であしらう。はぶりよく羽のきく事きびしく、引くハへらるゝと六《むず》ケ敷《しき》髭《ひげ》多くあり。黄金を以て塵《ちり》を取らんとする人多く、耳たぶ厚く胸に一物ありて下腹に毛なく、手の廻る事自由也。世の中の事、此獣の手にかゝらぬと云事《いうこと》なし。手先へ廻る人仕合よく、爪は熊鷹の如く、能《よ》くこれを遣ふ人蹴落し飛越る事妙なり。平生いそがしく歩行く。尻尾なきにハあらねども人に見せず。見出さるれバ刀抜てたわひなし。其外《そのほか》事しげきゆへ略す。右の獣昔よりあるといふ事なれども、近来別して誹徊《はいかい》（ママ）する故、去ル古き人に尋ね候へば、古狸《ふるだぬき》の類にて功老を経て大狼ともなるべし。惣《すべ》て威勢強くおそろしきけだものなり。はむく者ハ多しといふとも、近よりがたし。権門集に見へたり。

とある。また「まひなゐつぶれの図」（図3）の詞書には、

此鳥、金花山に巣を喰ふ、名をまいなゐ鳥といふ、常に金銀を喰ふ事おびたゝし、ゐ

少き時ハけんもんほろゝにして寄つかず、

但シ此鳥、駕籠は腰黒なり

此虫、常は丸之内にはひ廻ル、皆人銭だセ、金だセ、まひなゐつぶれといふ

とある。「まいない」とは、賄賂、その下の意味、蝸牛《かたつむり》のことを「まいまいつぶろ」というのをかけたのである。蝸牛の背に丸に十字が付されているのは、田沼の家紋ではない。しいていえば島津の家紋であろうともいわれているが、田沼の「田」を表わしているとみなすこともできよう。

すっぽんの打ちこわし

天明の飢饉と打ちこわし

天明二年（一七八二）は全国的飢饉の年であり、関東一帯も凶荒であった。翌三年は春から気候不順なうえ、浅間山の大噴火がおこった。「卯《う》歳《どし》のききん」として後世長く古老の語り草となったこの大飢饉は、全国的な規模におよび、しかも数年続いた。特に生産力が低く冷害をともなった東北地方がもっとも被害が大きかった。数十万人以上にのぼる餓死者と伝染病による死者をだしている。死人の肉はもとより、農民の両親が餓死し生き残った幼児を別の子供が殺して食べるという、地獄絵が現出したのもこの天明期である。東北農村のいくつもが全滅するというすさまじさであった。大都市の米価も当然暴騰した。いつもなら銭一〇〇文で一升の米が買えたのに、天明七（一七八七）五月の江戸では三合しか買えず、それもあればよい方であった。それに商人の買占め、値待ちの売り惜しみがいっそう米価の高騰に拍車をかけた。天明三年の大坂をはじめ、翌四年京都、七年江戸というように、全国の主要都市ではつぎつぎに米騒動が勃発した。天明三年の大坂では、つぎのような「歌字尽し」が作られていた。

⿰米メ《フラチ》　⿰米各《メイワク》　⿰米聘《ウケル》　⿰米⿱上銀《サカル》　⿰米⿱下女《アマル》　⿰米⿱家賃《ネギル》　⿰米質《ナガス》　⿰米職《ヒマ》　⿰米商《サワル》　⿰米富《ハヤル》　⿰米⿱借金《セガム》　⿰米⿱世上《サビシイ》　（天理大学図書館蔵「世世之姿」）

最初の二文字は大坂の米屋久右衛門《きうえもん》が多量の米を買占めたことをいう。以下、施行《せぎょう》をうける。奉公人の給銀がさがる、下女があまる、家賃を値切る、質は流れる、職人はひま、商売も障《さわる》、富くじはやる、借金をせがむ、世上はさびしい、という意味である。

天明七年五月十八日、本所・深川で玄米屋、春米屋《つきごめや》が多数打ちこわされたのが江戸打ちこわしの直接の前ぶれとなった。二十日夜は赤坂、四谷、青山辺で、二十一日は昼から芝、高輪、夜は新橋、京橋、日本橋など中心街の玄米屋、春米屋が残らず打ちこわされた。二十二日から二十四日ごろにかけてはほとんど全市にわたって昼夜の別なく打ちこわしが広まり、無政府状態となった。打ちこわしの対象となったのは、同一町内か近隣の米屋や富豪であった。

黄表紙『亀子出世』

天明七年の江戸打ちこわしを風刺した黄表紙《きびょうし》に『亀子出世《かめのこがでたよ》』と題したものがある。この書の角書《つのがき》には「やれ出たそれ出た」とある。打ちこわしのあと払底《ふってい》していた米が市中に出まわるようになったのを、米《こめ》と亀《かめ》の一字違いを巧みに利用して本の題名としたものである。また当時「やれ出たそれ出た亀の甲が出たはよ云々」という俗謡が流行しており、これともかけたものであろう。

同書の刊行は打ちこわしのあった翌八年であるが、同年のうちに『新建哉亀蔵《あたらしくたつやかめぐら》』（国立国会図書館蔵）と改題されている。作者ならびに画工は蘭徳斎春童《らんとくさいしゅんどう》のようであるが、改題本では作者名はなく画工名のみ記してあるが、板元は鱗形《うろこがた》屋である。

その概要は、鎌倉時代に鎌倉の鶴岡の万年屋角右衛門《まんねんやかくえもん》（略して万角）という商人が、すっぽん料理の流行から亀料理を思いつく。そして貸座敷料理店を始めたところ、珍しいのとすっぽん料理より軽いと評判が立って大いに流行し、店は繁昌する。そこで万角は竜宮に行って直接亀を大量に購入し、亀の占売《しめう》りをはかる。

すっぽんたちは今までの苦労を亀に取られたことに腹を立て、万角の家を打ちこわしてしまう。この騒動を耳にした鎌倉の執権秩父重忠《しげただ》は、役人をつかわしてすっぽんたちを逮捕する。尋問されたすっぽんたちは「亀を買いこみ占売りにいたし……われ〱ともの渡世の邪魔をいたし、なんぎ仕《つかまつり》候《そうろう》間《あいだ》」と返答する。重忠はすっぽんの願いをいれ、亀を俵につめて囲いこんである蔵を封印し、没収するよう命じる。そして竜宮などに囲い込んであった数万の亀を放生会《ほうじょうえ》で海に放つ。亀騒ぎも治まり、天下泰平、頼朝の御仁政は重忠の働きであると、重忠は種々の加増にあずかって終る。

読者はすでに気づかれたことと思うが、この黄表紙では米を亀に置きかえている。万年屋角右衛門というのは、大田南畝《なんぽ》の『一話一言《いちわいちげん》』や山東京山の『蜘蛛《くも》の糸巻』に見える、京橋南伝馬町三丁目にあった米穀問屋の万屋作兵衛（佐兵衛）のことである。この万屋は田沼意次《おきつぐ》から米一万俵を預っていたといわれ、天明の江戸打ちこわしでは特に派手に打ちこわされた店で、万屋が打ちこわしにあったことが知れわたると、「世上俄《にわか》に騒立」ち、打ちこわしはいちだんと激化したのである（山田忠雄『一揆打毀しの運動構造』校倉書房、一九八四年）。また万屋の打ちこわしについては目撃者の見聞をふくめ、多くの史料が残されていることも江戸町人の関心が深く、また当時著名な米穀問屋であったことを示している。そのため万年屋角右衛門として黄表紙にとりあげられたのであろう。

竜宮に囲米

万角は竜宮へ行き、亀（米）の「直買《じきが》い、占売り」をはかる。そして大船二艘でもって「あまたのかめを、たわら（俵）にしてかいこみ、山のよう

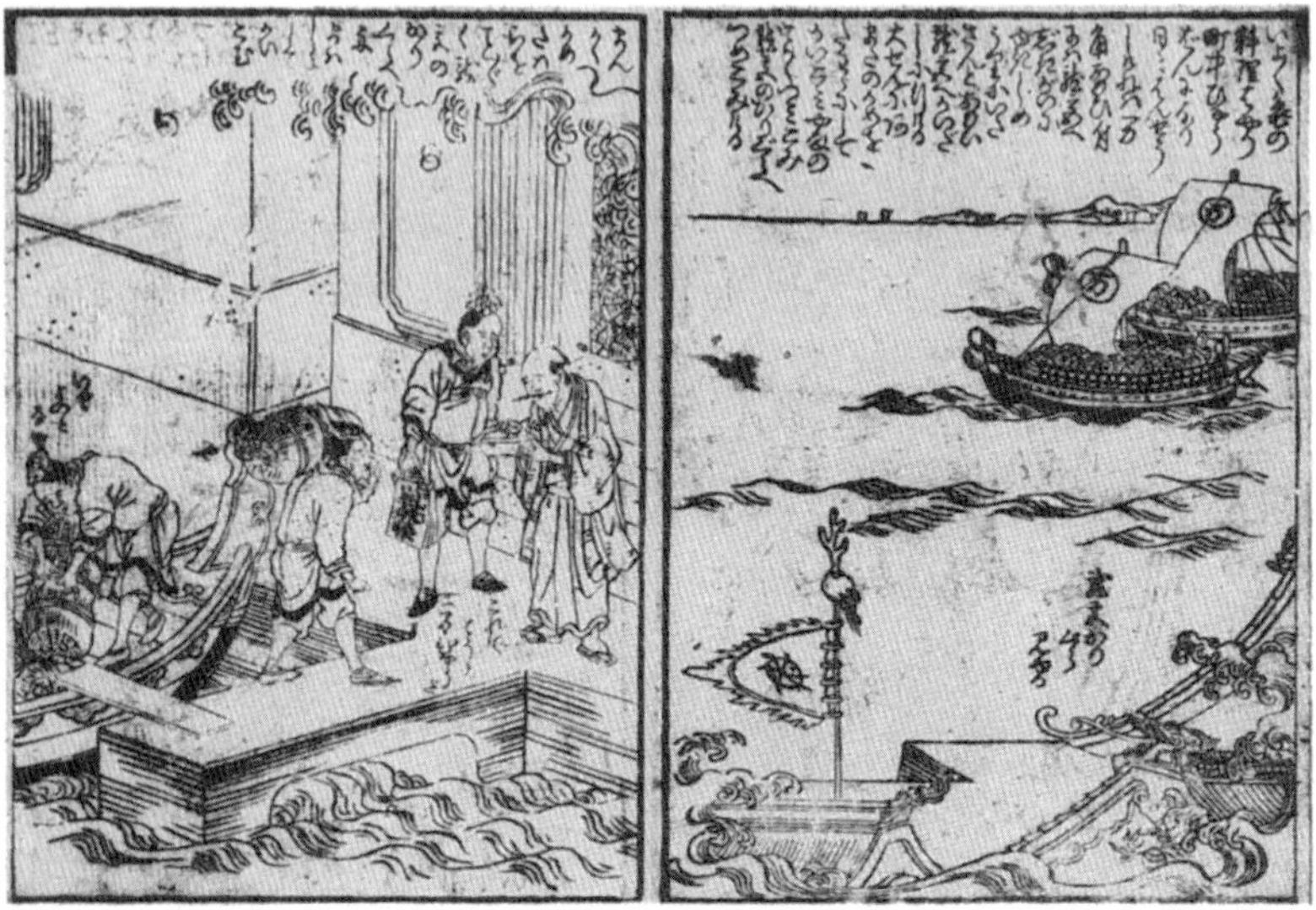

図４　亀を俵に詰めて竜宮に運ぶ図

（『新建哉亀蔵』国立国会図書館所蔵）

に積みこみ」竜宮の仮蔵《かりぐら》に運ぶのである（図4）。右図の下には「竜宮のからくり」とあり、左図には「これで丁度二万俵だ」と男が帳面に付けている。米問屋が町方に米を隠しては危険なので、町奉行の手が届かない武家屋敷に隠匿するのを竜宮に運んだと風刺しているのである。

天明の大飢饉による米価高騰のなかで、米の買占め・隠匿が行われたことは周知の事実であるが、武家屋敷に隠した例としては紀伊国坂下の紙屋が古川監物《けんもつ》屋敷へ賄賂を送ってかくまってもらったほか、石川島にあった石川大隅守屋敷も町人から頼まれた囲米《かこいまい》があったので差控《さしひかえ》となっている。特に著名なのは護持《ごじ》院が田沼意次の囲米三〇〇〇俵を預っていたことである。このように田沼をはじめ大名・旗本に米を囲い込みする不正があったことは明白である。右のような事実を黄表紙では巧妙にも「竜宮」に囲ったとしているのである。

すっぽんの打ちこわし

すっぽんたちは相談の結果万角の家を打ちこわすのであるが、相談のおりの詞書《ことばがき》には「なんでもこれてハすまぬ、こん日渇命になる」といっているのは、打ちこわし参加者をはじめとする庶民の偽らない感情をあらわしたものであろう。また打ちこわしの挿絵（図5）のなかで亀（米）俵をつぶして亀を逃し

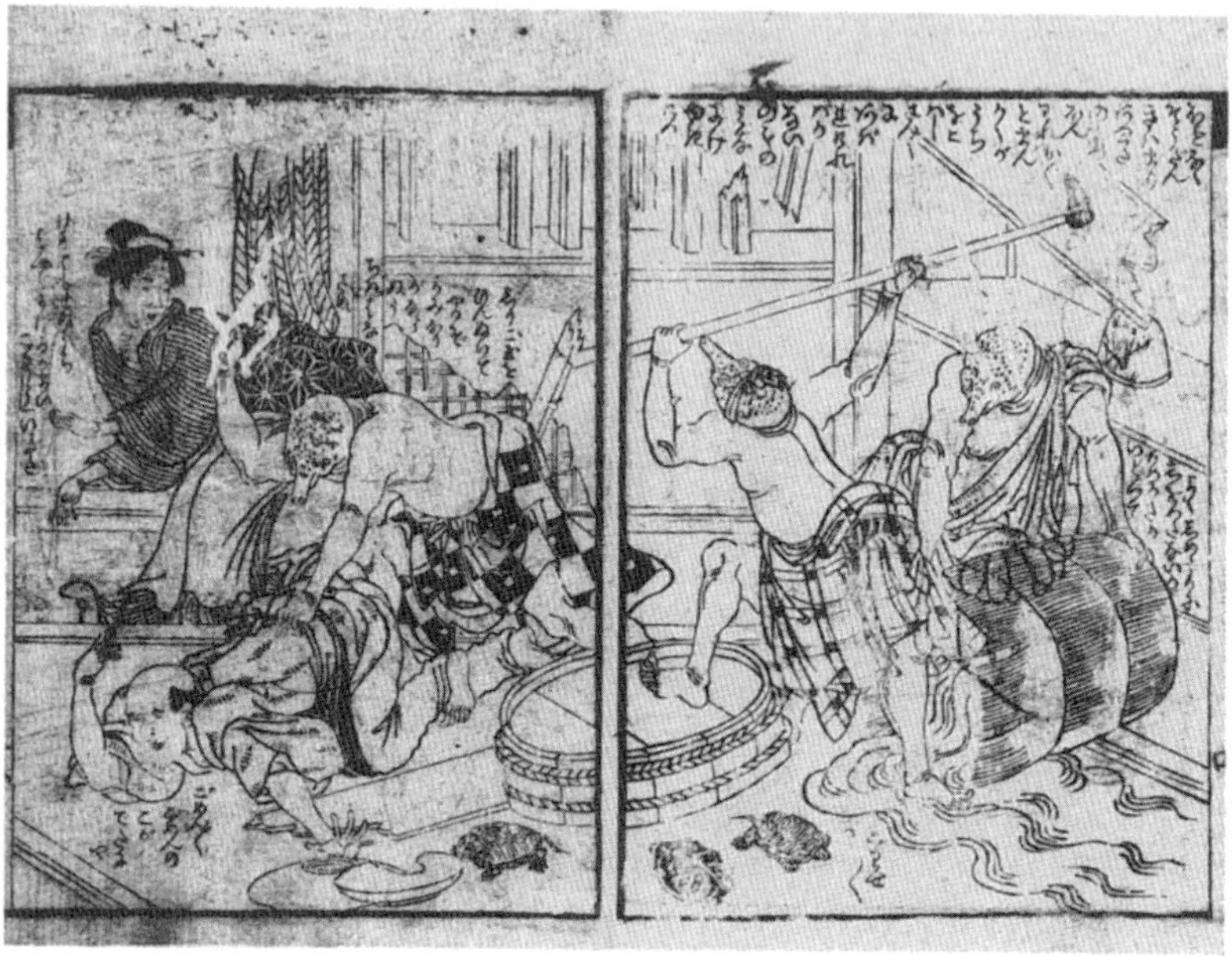

図5　すっぽんの打ちこわし

(『新建哉亀蔵』国立国会図書館所蔵)

ているのがみえるが、実際の打ちこわしでも米俵を大道にぶちまけるなどの行為があり、それをそのまま表現したものであろう。このすっぽんたちの打ちこわしの挿絵は、天明江戸打ちこわしを見事に風刺したものである。その詞書には「ほどなくそうだんきハまり、あまたのすつぽんわれも〳〵とまんかく（万角）がうちをこハし、さん〴〵にあバれければ……よくしめうり（占売）にしをつたな……こわせ〳〵」などとある。

鎌倉の執権秩父重忠《しげただ》は役人を派遣して打ちこわし参加のすっぽんを逮捕させるが（図6）、その詞書のなかに「わたくしハ酒ばかりたへました、どこもこハしハいたしませぬ」とある。当時幕府の出した町触《まちぶれ》のなかに「狼藉《ろうぜき》の場所に立ちまわった者は、見物人の差別なく全員召し捕えよ」といっているし、別の記録には「騒ぎの見物に出たものばかりを召し捕っている」とあるように、町触をよいことにたんなる見物人が捕えられていたようである。

また大伝馬《おおでんま》町の大丸では酒二樽をふるまい、赤坂のある酒屋は酒一樽を打ちこわしの人々に提供して難を免れたほか、徒党のものたちへ食事や酒、菓子屋では「かはし」を提供して難を免れていた。挿絵のなかで「酒ばかりたへました（打ちこわしに参加したが、実際には打ちこわしていない）」といっているのは、右のような事実をふまえたものであろう。

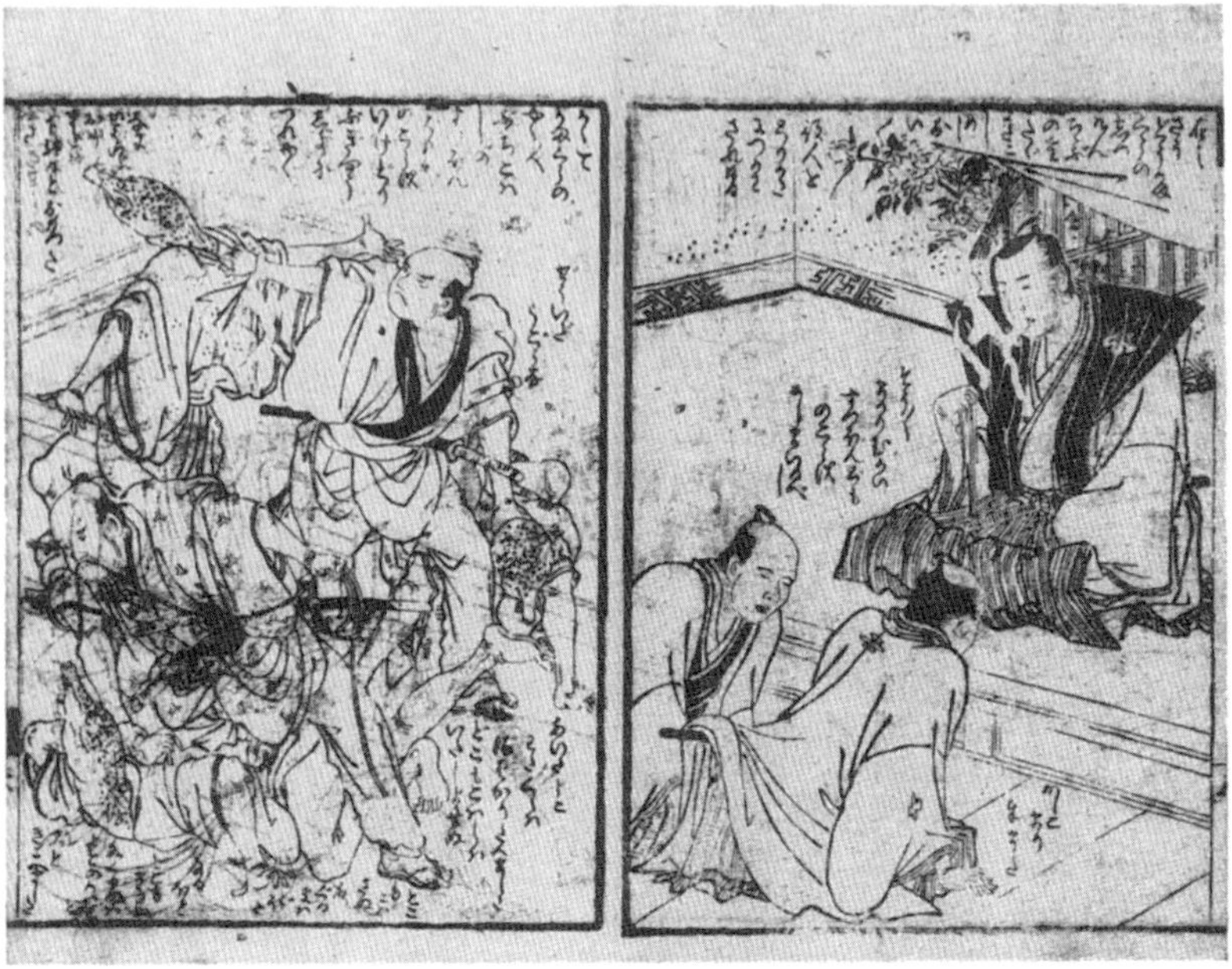

図6　すっぽんを捕える

(『新建哉亀蔵』国立国会図書館所蔵)

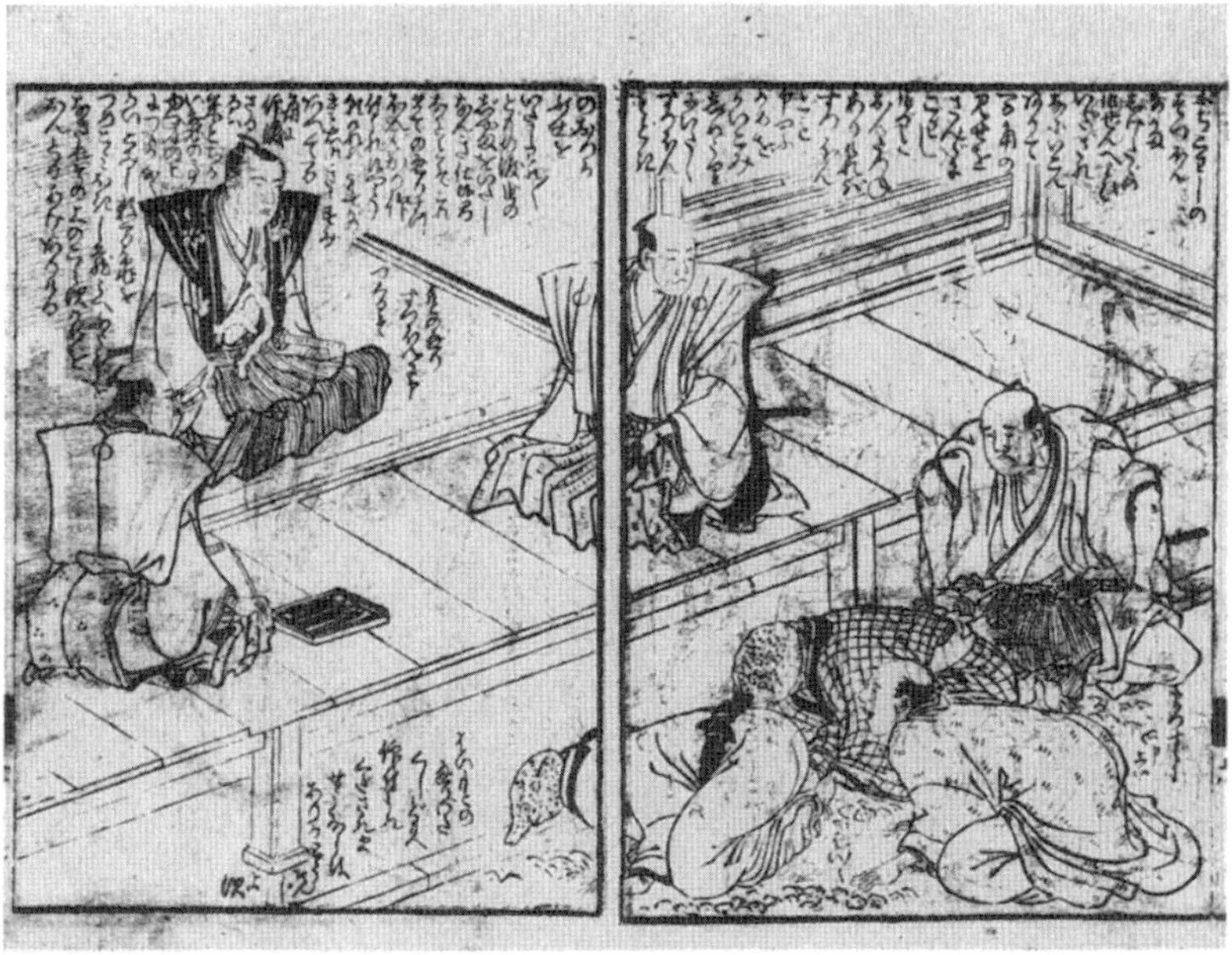

図７　すっぽんを吟味

（『新建哉亀蔵』国立国会図書館所蔵）

捕えられたすっぽんたちは、奉行所で重忠から何の遺恨かと聞かれ、亀（米）の買込みと占売りをして、われわれの渡世の邪魔をし（生活が）難儀になったからだと返答している（図7）。打ちこわしの直接の原因は、米穀をはじめ諸商品を占売り・占買いした悪徳商人への遺恨であり、社会的制裁である。前述したようにすっぽんたちが打ちこわしの相談のなかで「なんでもこれてハすまぬ、こん日渇命になる」といっている。事実、役人に捕われた者たちが口々に「われら皆渇命にもはや今日明日の露命《ろめい》はかりがたく……さてさてむごき不仁なる御政道に御座候」と叫び、早く牢に入って一飯にありつきたいと大声でわめいたという記録があるのである。

竜宮とそのほか町々で隠匿してあった囲米を役人が封印し、没収した亀（米）を頼朝が千羽の鶴を放った例にならって海に放ったというのは、幕府が救米《すくいまい》を施した事実をふまえたものである。その詞書のなかに「かめを御すくひのうへ、諸人にも御すくひ米を下されけるゆへ、やれ出たそれ出たかめの子が出たとい〻はやしける、御仁政のほどこそありかたけれ」と記している。このように黄表紙『亀子出世』は、天明江戸打ちこわしを風刺したものであり、挿絵の風刺画とともに貴重なものといわねばならない。

戸ざさぬ御代

図8は黄表紙『天下《てんか》一面《いちめん》鏡《かがみの》梅鉢《うめばち》』（唐来参和《とうらいさんな》作、栄松斎長喜《えいしょうさいちょうき》画、寛政元年）の挿絵で、打ちこわしそのものをストレートに示している。その詞書は、

家に鼠、国に盗人などは薬にしたくてもなく治まりければ「かゝるめでたき御よにとをたてるでもあるめへ、いらぬものだ」と一人が戸を打ちこわすと、家なみに「これはもつとも」と、てんぐ〳〵に我が家我が家の戸を打ちこわし、まことにとざさぬ御世《みよ》とハこのときをや申すべき。

（戸をかついでいる前髪の少年）「よの中まんさくが続くからくらしニたいぎなことハなかはし〳〵」

（右端の男）「静かに戸をこわしまうせふぞ」

（ももひきの男）「てんぐのやうにはたらくやつだ」

（片肌脱ぎの男）「あのわかしゆめハきついちからだ」

（両肌脱ぎの男）「いさいかまわず、とをたゝきこわせ」

（左端の女）「ありがたいよのなかだ」「女のてぎわてハとうもこわされぬ」

とある。打ちこわしの混乱で、市中が無政府状態になったのを、「めでたい世の中だから、

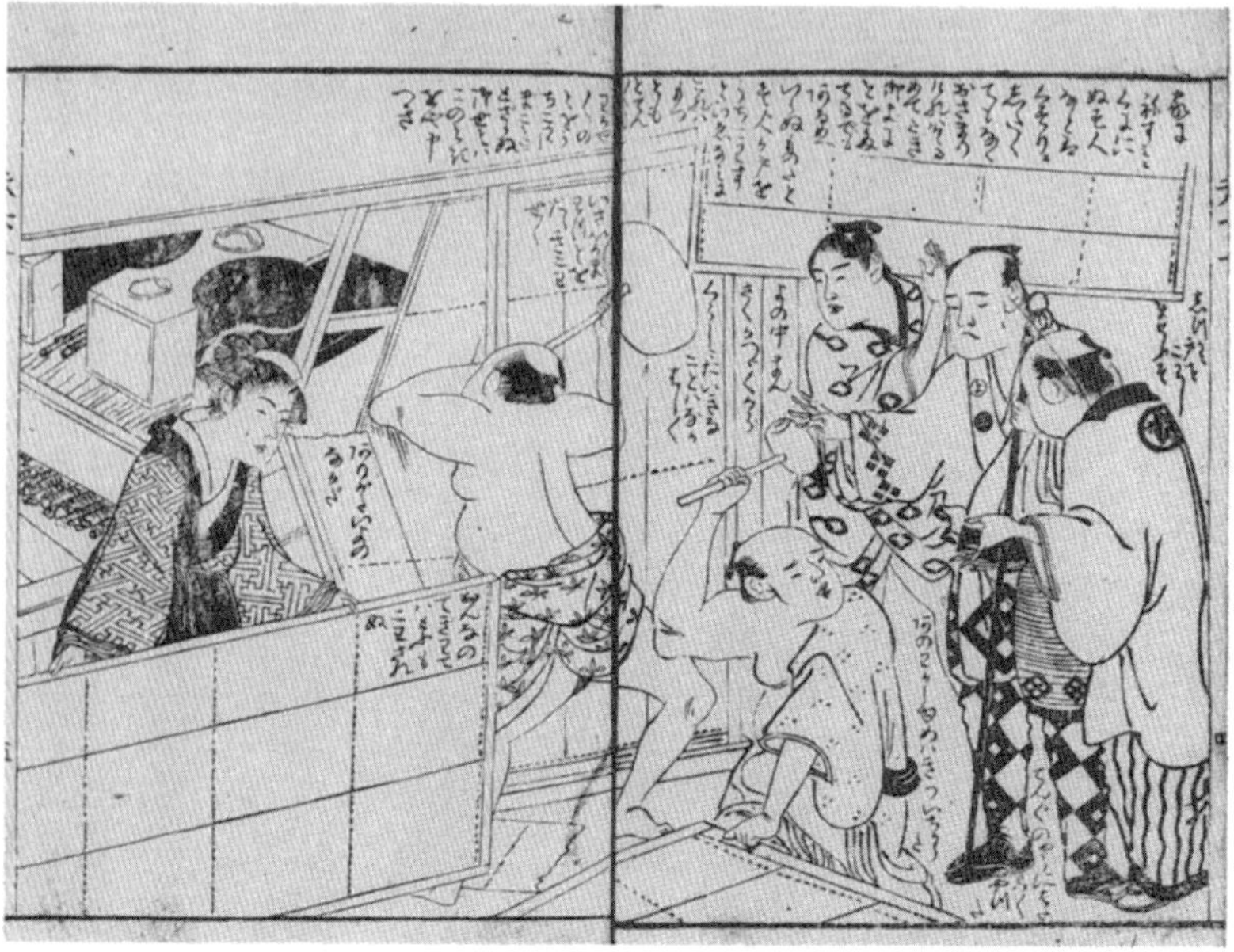

図8　家の戸を打ちこわす

（『天下一面鏡梅鉢』東京都立中央図書館加賀文庫所蔵）

図９　戸ざさぬ御代

(『天下一面鏡梅鉢』東京都立中央図書館加賀文庫所蔵)

戸を建てる必要はない。不用の戸をこわせ」というのだから、まさに痛烈な風刺である。打ちこわしの先頭には常に一七、八歳ぐらいの美麗な前髪姿の若衆が天狗《てんぐ》のように駆けずりまわる。あるいは六尺ゆたかな大入道が無双の大力で大八車を振りまわして戸を破ったり、土蔵の金網を片手で引き破ったりして大あばれしたという噂がもっぱら広まっていた。なかでも若衆は強力で酒樽や米つきの杵《きね》などを軽々と振りまわして、家の戸を突き破ったり、屋根から屋根へ飛びまわるさまは天狗のようであったという街の噂をそのまま記述している。

同書はさらに「打ちこわし」について、（女房）「けふ雨のふるハしれたことだに、戸ざさぬ代なれバ、とはたてられず」とある。江戸中が打ちこわしで無秩序状態に陥ったにもかかわらず、「泰平の世なので戸をたてられない」と皮肉っているのである（図9）。この黄表紙は幕府から絶版を命ぜられた。

世直し大明神

世直し大明神

江戸打ちこわしのあった三年以前の天明四年（一七八四）三月、老中田沼意次《おきつぐ》の子で若年寄の意知《おきとも》が、江戸城中で佐野善左衛門に殺されるという事件があった。

佐野善左衛門は旗本の新番士で、その家系はもともと田沼の主家にあたっていた。その縁によって善左衛門は意知に昇進をたのんだが、賄賂の金を取るばかりで一向に約束を果たさず、そのうえ佐野家の系図と七曜の旗まで取り上げたため、恨んで斬りつけたといわれている。またたんなる私恨ではなく、反田沼派による計画的なものとする説もある。事件は天明四年三月二十四日におこり、その傷がもとで意知は二十六日に死亡した（即死の噂もある)。日ごろから田沼父子の専横を心よく思わない人々が少なくなかったので、田沼を誹謗する落書・落首のたぐいが氾濫した。

金をとるならいふ事聞きやれザンザ
いたい思ひで恥をかき
田沼が袖から血はざんざ
ヨイきみじやにへ

といったたぐいのものが少なくない。

佐野は乱心という計らいになり、四月三日切腹を命ぜられる。事件の翌月いままで高かった米価が一時的に下落したこともあって、人々は佐野を「世直《よなお》し大明神」とあがめ、墓所のある浅草徳本寺《とくほん》は参詣人が日を追って群集した。「佐野さんが若年寄を殺さずば、是ぞ世上の邪魔城の守」といった落首がでた(若年寄田沼意知は山城守であったので、邪魔城守とかけたもの)。善左衛門の墓に立てた花は林のように並び、地上を這う線香の煙は人を襲うほどであった。「世直大明神」という幟《のぼり》が数十本も立ちならび、まるで開帳場のような有様であった。寺社奉行から参詣を禁じられると門の外から賽銭を投げるものが多く、まるで夕立のようであったという。また夜分ひそかに参詣する者もあった。一方、田沼の葬儀には逆に礫《つぶて》を投げるものがあり、怪我人が出るという有様であった。

佐野の刃傷と黄表紙

佐野の刃傷事件を扱った黄表紙《きびょうし》に石部琴好《いしべきんこう》の『黒白水鏡《こくびゃくみずかがみ》』（北尾政演《まさのぶ》画、寛政元年）がある。そのあらましは、当世公（第一〇代将軍家治《いえはる》）は梶原鹿《か》沼《ぬま》（老中田沼意次）と岩永勝元（側衆《そばしゅう》稲葉正明、さかんに収賄につとめたといわれている人物）らと吉原に遊ぶ。佐野の介《すけ》（佐野善左衛門）だけがもてて、他は振られる。ところが遊女の文のことから佐野の介と山二郎（田沼意知）は御殿で大喧嘩し、山二郎は打たれ岩永がとめる（図10）。佐野の振りあげているのは短刀ならぬ扇子であるが、この刃傷の場は忠臣蔵仕立てで、長袴《ながばかま》の裾《すそ》を踏まれて倒れている山二郎は高師直《こうのもろなお》、判官ばりの佐野の介の背後から組みとめている岩永は加古川本蔵《かこがわほんぞう》といった役どころである。喧嘩の理由は遊女が佐野へ誘い文を出したのを山二郎がだまし取り、なぶりものにしたのが原因という筋である。田沼が佐野の系図を詐取した事件を、女郎の文にすり替えたところが伏線としての工夫の面白さを増している。

図10の左側三分の一は、山二郎の弟平介が落馬する情景の説明である。山二郎の弟平介が兄の援けに喧嘩場に駆けつけようとするが、宇治川での先陣争いで佐々木の計略にだまされた故事を思いだし、馬の腹帯のゆるんだのを注意されてもかまわず駆けだしたため落

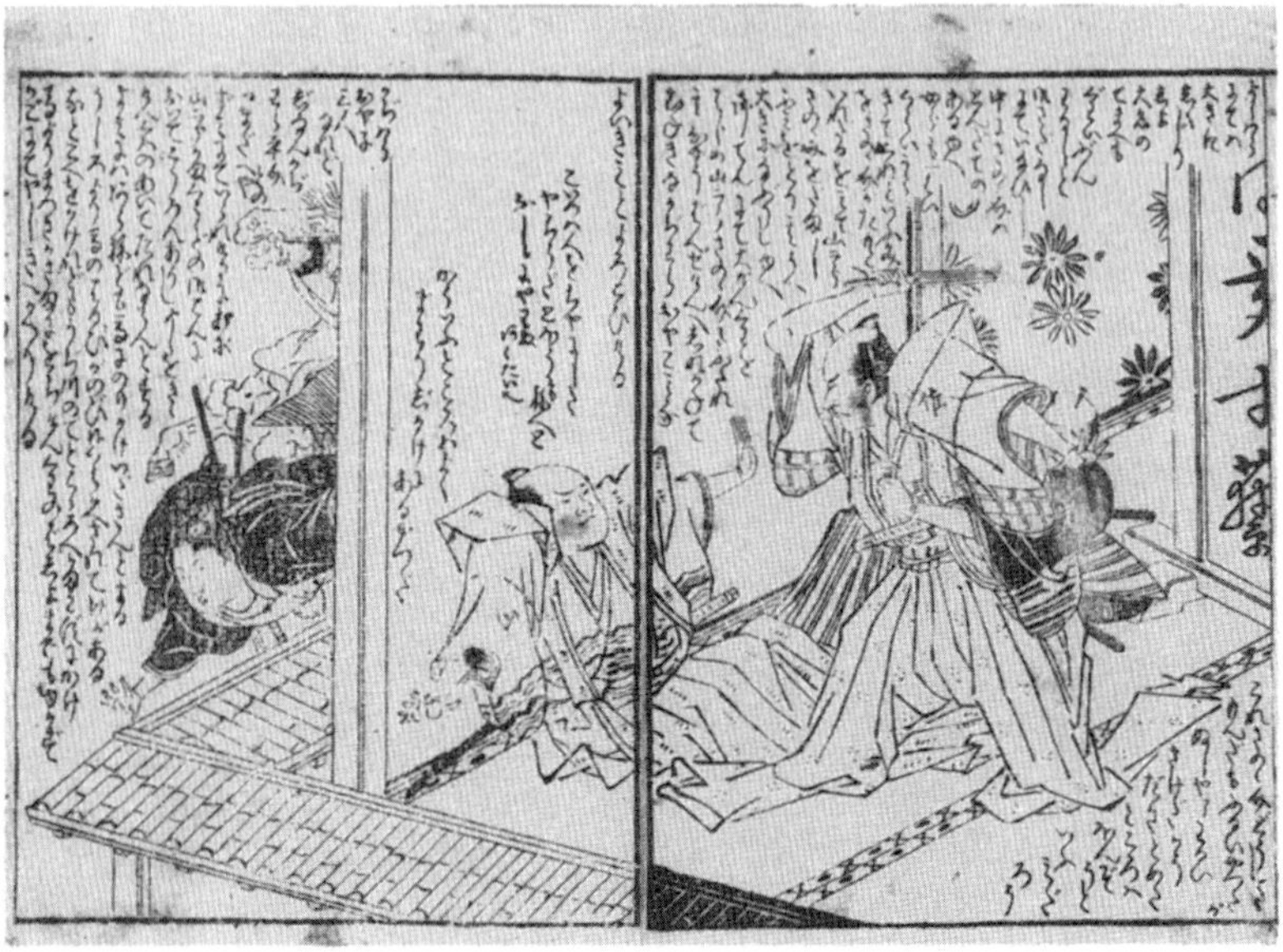

図10　黒　白　水　鏡

（東京都立中央図書館加賀文庫所蔵）

馬する。それは山城守意知の子竜助が、土佐侯から贈られた愛馬から落馬し、急所を踏まれて即死した二年後の天明六年（一七八六）六月の事件を、刃傷事件当日のこととし、平介（竜助）を鹿沼（意次）の二男と改めたものである。

本書ではこのほか町人に「かねにうらみはかず〳〵ござると申ますが、おかみにうらみはなかずぢごく（地獄）さ」といわせている。長唄「京鹿子娘道成寺《きょうがのこむすめどうじょうじ》」の有名な文句「鐘に恨みは数々ござる」をひねっておかみ（幕府）の政治に対する不満を表わし、それを「鳴かず地獄」といってのける。黄表紙特有の洒落《しゃれ》や穿《うがち》を越えた痛烈な風刺といえよう。さらに末尾では「一ぴきの馬がくる（狂）へば、千びき（匹）の馬くる（狂）うどをり（道理）」と、幕閣を馬なみに扱い、「きみ（君）の御みもち（身持）ふらち（不埒）」と、当代の将軍家治の暗愚を公言するなど、本書は大胆な風刺が少なくないのである。しかも主要登場人物はいずれも実名に近く、実録物に近いものといえる異色の作品である。

作者の石部琴好《きんこう》は本所亀沢町の松崎氏、通称仙右衛門といって幕府の御用達商人ということ以外は詳《つまび》らかでない。本書は、たとえば山東京伝《さんとうきょうでん》の『時代世話《じだいせわ》二挺鼓《にちょうつづみ》』の婉曲さにくらべると、あまりにもストレートであり露骨にすぎる。しかもその辛辣さは風刺以上のものといえよう。当然に幕府の忌諱《きい》にふれ、作品の絶版にとどまらず作者は江戸払い、画工の京伝も過料に処せられたことをあわせて記しておきたい。

田沼の失脚

天明六年（一七八六）八月、田沼意次は老中を免ぜられた。将軍家治の病気が思わしくないので、意次は二人の町医を推挙したところ、町医の投薬の結果病状は悪化した。加えて去る安永八年（一七七九）家治の世子が急死したのも毒殺の疑いがあったため、意次にその疑いがかけられたのである。同年閏十月には加増の二万石を没収され、江戸上屋敷・大坂蔵屋敷を取り上げられた。同月には腹臣の勘定奉行松本伊豆守秀持《ひでもち》が、翌十一月には同役の赤井豊前守忠晶《ただあきら》がともに免職となった。

同年十二月には松平定信《さだのぶ》は老中に推挙された。しかしそのごも大奥と結託した田沼の残党との激しい暗闘を経て、翌七年六月ようやく定信の老中首座の就任が決定した。その年の十月、幕府は意次の在職中の不正を咎めて二万七〇〇〇石を没収（残り一万石となる）し、隠居・謹慎を命じた。孫の意明《おきあき》が家督を継いだが、越後・陸奥に領地を替えられた。その地は実収四、五〇〇〇石にすぎなかったという。遠州相良《さがら》の城は取り上げられて徹底的に破壊された。翌八年七月、意次は七〇歳で死去した。

定信が老中となった天明七年から、辞任した寛政五年（一七九三）までの六年間に幕府関係者の被処罰件数は実に八七件にのぼったという。政権交替にともない、定信による田沼一味の粛清には厳しいものがあり、多数の者が追放された。田沼縁故の者は大小となく戦慄し、政略結婚の取消しや義絶、婚約中のものは破棄される悲劇さえおこった。これらの数は大名・旗本で五三人におよんだという。ある大名は意次の娘と結婚したが、その娘はすでに死亡していたにもかかわらず墓を掘りおこし、骨を送りかえしたものすらあった。

早くもこのころの落書に、

眼病とかけて　田沼ととく　心は今につぶれる
大嵐と掛て　稲葉（寺社奉行稲葉正諶）ととく　心は窓の明けられぬ
嫁入女心と掛て　松本（勘定奉行松本秀持）ととく　心はひや〳〵物だ
両国橋と掛て　赤井大膳（勘定奉行赤井忠晶）ととく　心は段々へこんで来る
　此節《このせつ》のなぞ
娘の子とかけてナアニ　相良の城と解く　心は追付人のものとなる
熨斗《のし》餅とかけて　田沼の子供と解く　心は切られたり喰ハれたり
見切つた病人とかけて　田沼の親父と解く　心はしよせん命ハあるまい

といったものが続出した。

図11は、山東京伝作北尾政演画『時代世話二挺鼓』（天明八年）の挿絵である。書名の

「時代」は九世紀承平《じようへい》の乱の将門《まさかど》の時代をさし、「世話」は現代の田沼をさす。二挺鼓は小鼓を肩に大鼓を脇にして一人で打つことで、安永（一七七二〜八一）のころから江戸に流行していた。将門と田沼を討つという二重の意味とも、田沼父子を大鼓小鼓にたとえたとも解釈できる。

その内容は田沼意次を平将門に、佐野善左衛門を藤原秀郷《ひでさと》に見立てたもので、将門には六人の影武者があったことと、田沼の七ッ星の家紋とを結びつけている。首を切られた将門の骸から七つの魂が飛び出し、田沼の敗北と死去を暗示する。

秀郷は将門退治のできたのは浅草観音の御利益《ごりやく》として絵馬を奉納し、将門の霊を神田明神に祭ったと実在のものと結びつけ、芝居がかりにしてさりげなく結ぶ。その点、現在の人々は物足りないであろうが、作者の山東京伝は身の安全と危険の境い目はこの辺までと判断し、カムフラージュしたのであろう。最後は「そのころ神田に、夜な〳〵七曜の星の、光をはなせしは、此将門のたましゐ也」と結んでいる。当時、田沼の屋敷が神田橋にあったことは、誰一人知らぬ者はなかったはずである。七曜星を家紋とする田沼は、将門と同様に逆臣であると暗示したのである。

京伝の『時代世話二挺鼓』と同じ天明八年刊の黄表紙に、朋誠堂喜三二《ほうせいどうきさんじ》作、喜多川行麿《ゆきまる》

図11　時代世話二挺鼓

(東京都立中央図書館所蔵)

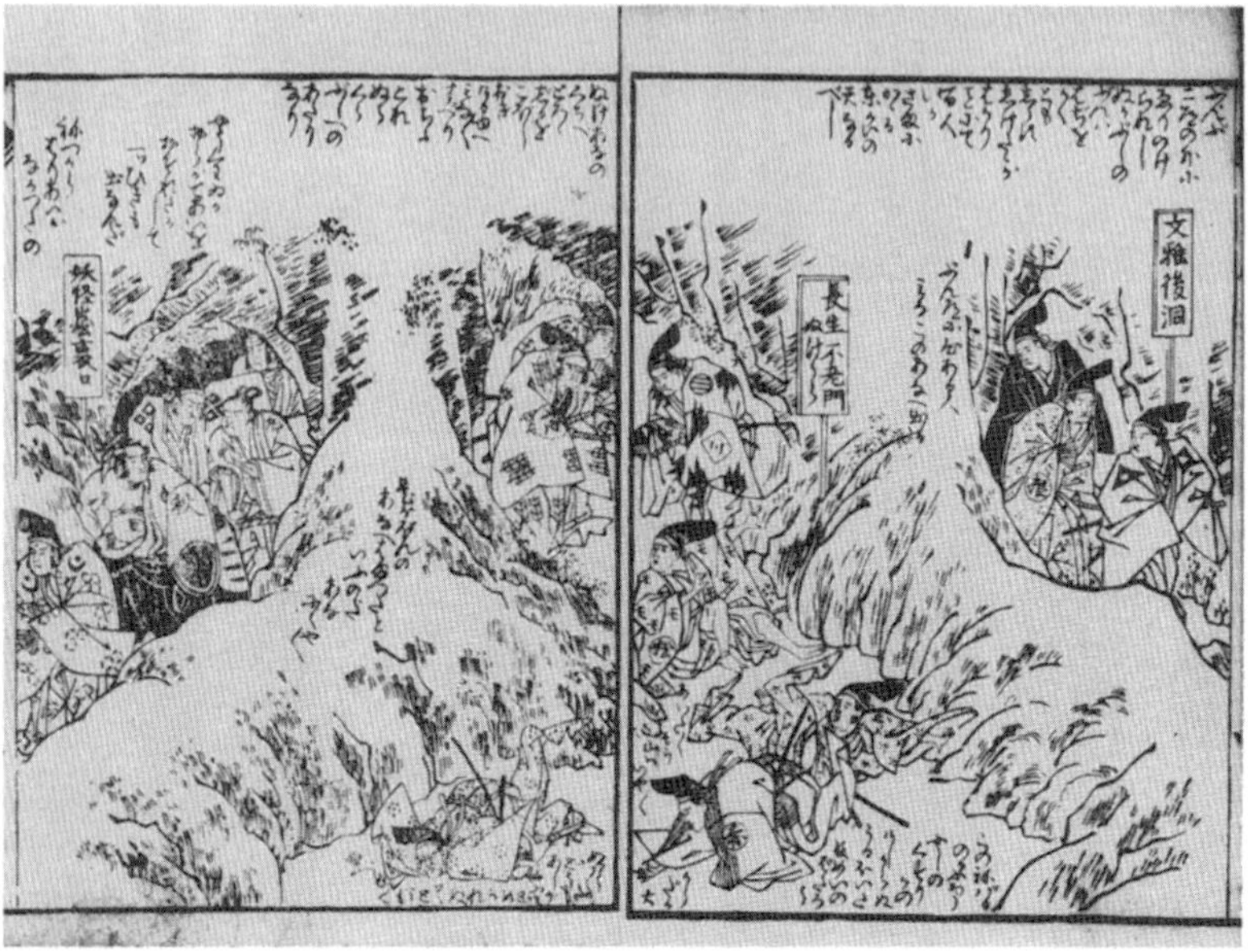

図12　文武二道万石通

（国立国会図書館所蔵）

画の『文武《ぶんぶ》二《に》道万石通《どうまんごくとおし》』がある。田沼から定信への政変は黄表紙の好個の題材となった。鎌倉時代の畠山重忠《はたけやましげただ》を定信に擬し、文武二道のどちらにも入らぬ、のらくら武士を箱根に湯治させる。文にも武にも出精しないぬらりくらりとした武士たちは、抜け道で皆すべりおちる。その挿絵が図12である。水野稔氏の研究によると（『日本古典文学大系　黄表紙洒落本集』）、一番手前の七ッ星の紋所の人物は田沼意次、「赤」は元勘定奉行赤井豊前守忠晶、「松」は元勘定奉行松本伊豆守秀持、「土」は元勘定組頭土山宗次郎などであるという。いずれも天明七年中に処罰された人々である。

田沼の風刺画

「出世竜」と名付けられた怪魚（図13、『江戸時代落書類聚』）の頭に七曜星があるところから、この怪魚は田沼をさすことは明らかである。その図の上には、

七月十八日（天明六年）大雨の節、出水と共に印旛沼《いんば》より伊豆へ流れ来る。蝘蝎《うわばみ》の形ち頭に七曜星（田沼の家紋）を頂き、只〳〵運上《うんじよう》〳〵と鳴く。金を見るとよろこび躍る。鱗《うろ》こハ黄金の如く小判の如し。珍ら敷もの故、御当地へ下す見世物なり。桟敷《さじき》一間二十五匁宛、切落しハ小間一間に付三匁宛、両国に於て五十日之間、諸人に見せ申候

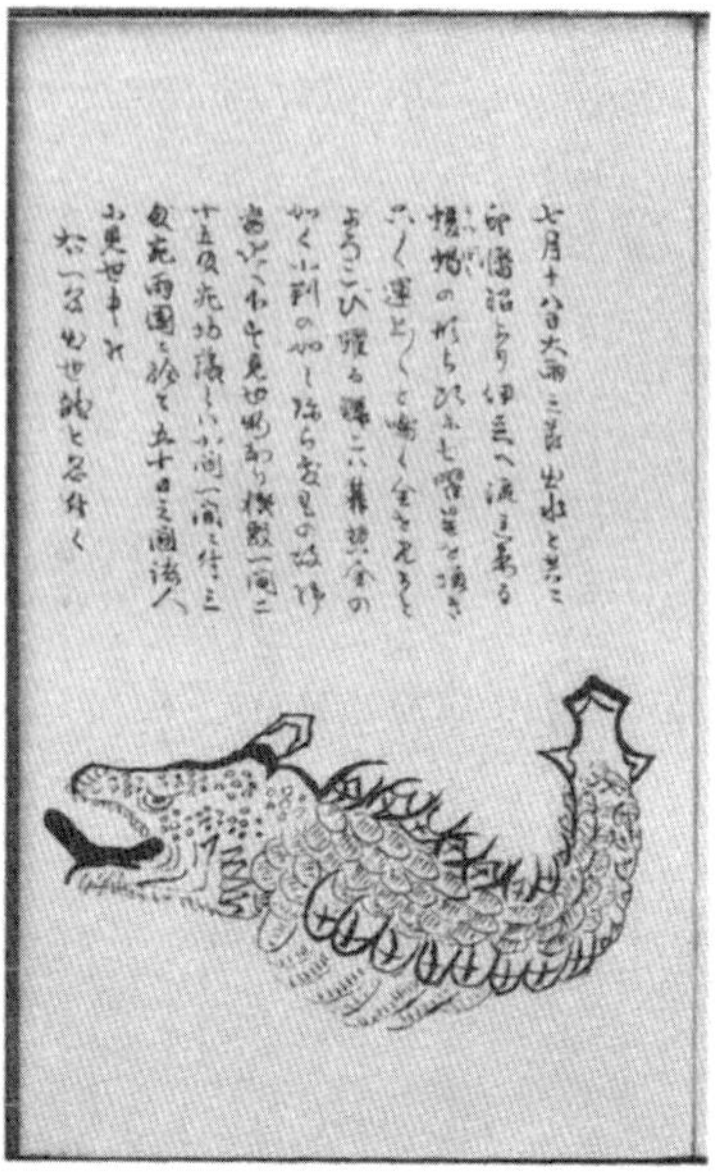

図13　出　世　竜

(矢島隆一編『江戸時代落書類聚』残篇5，国立国会図書館所蔵)

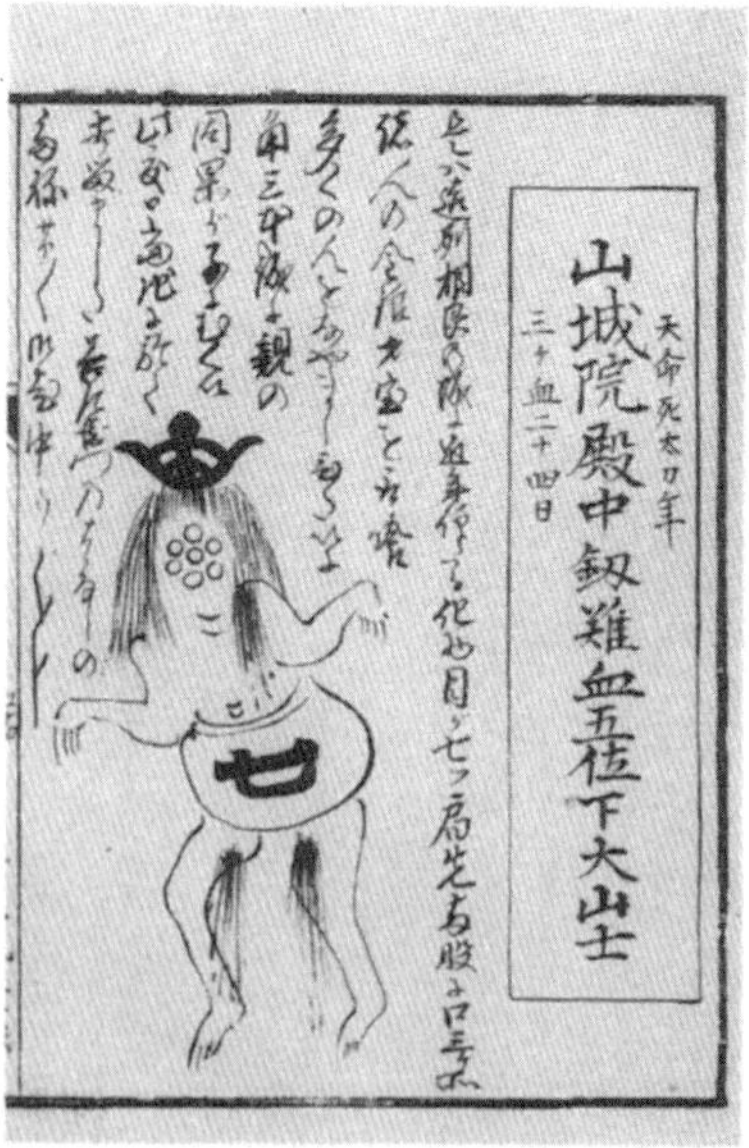

図14　七ッ目のお化け

(『古今百代叢書』巻8，国立国会図書館所蔵)

右一名、出世竜と名付く

とある。怪魚を蝮蝎の形にしているのは、蝮蝎を悪人にたとえる意味があるためである。天明六年（一七八六）七月十七、十八日には、江戸をはじめ関東一帯に大洪水の被害があった。七月十八日大雨で出水とともに怪魚が印旛沼（田沼は印旛沼の大干拓工事を行わせた）より流出とあるのは、右の洪水をさすのであろう。

なお田沼が老中の地位を免ぜられたのは、この年の八月である。

七ッ目のお化け（図14『古今百代叢書』）には、つぎのようにある。

天命死太刀年
山城院殿中剣難血五位下大山士
　三ヶ血二十四日
是ハ遠州相良の城に近年住たる化物、目が七ツ、肩先両股に口三ヶ所、諸人の金銀才（財）宝を取喰、多くの人をなやまし、ひたひに角三本、誠に親の因果が子にむくい、此度御当地に於て打留ました、善左衛門のはなしのたね、サア〳〵御老中ゥ〳〵〳〵〳〵

田沼意次の息子で若年寄の意知が、殿中で佐野善左衛門に斬られた事件を皮肉った風刺画である。七ッ目は田沼の家紋の七ッ星をあらわす。位牌《いはい》の年月日は刃傷のあった天明四年（一七八四）三月二十四日である。「肩先両股に口三ヶ所」とは、佐野善左衛門が刃傷のとき、意知に飛びかかって「覚えがあろう」と三たび声をかけて斬りつけた傷口である。

このころの川柳に、

　としよりの若死をするふりよ《（不慮）》な事

というのがある。天明四年の「川柳評万《せんりゅうひょうまん》句合《くあわせ》」の摺《す》り物にある句である。

図15（東北大学図書館狩野文庫蔵、『天明六年聞書』『東京市史稿産業篇』第三〇）の顔は七ツ目で田沼の家紋である七曜星をあらわし、口も田沼の「田」をあらわしているところから、この怪物も田沼意次であることは明らかである。その詞書《ことばがき》には、

東西〳〵、抑《そもそも》此変化と申は、元小身の者成しか段々人の金銀をかすめ取、有徳《うとく》の身と成、いよ〳〵欲心増長し、大欲無道の事ともさかんにせし天罰にて、嫡子を切れ、孫は馬に喰殺され、一家親類には見放され、あけくの果は額に一本の角を生し、眼《まな》コハ七ッ星の如く光り輝き、鼻と角は萌黄《もえぎ》色にしてすみ〳〵赤銅《しゃくどう》の如く光り輝き、口は田のしにさけ、惣身に田沼の模様を顕し、手あしに看板様の鱗を生し、手に黄金を握りつめ、鳴声《なきごえ》運上〳〵と鳴さけぶ、金銀をあたふば鳴《なか》さす、今に至りてハ残念〳〵とのみほゆる也、百今無双の見世《みせ》もの、此うへいかゝ変すへきか知れ難し、併此節五

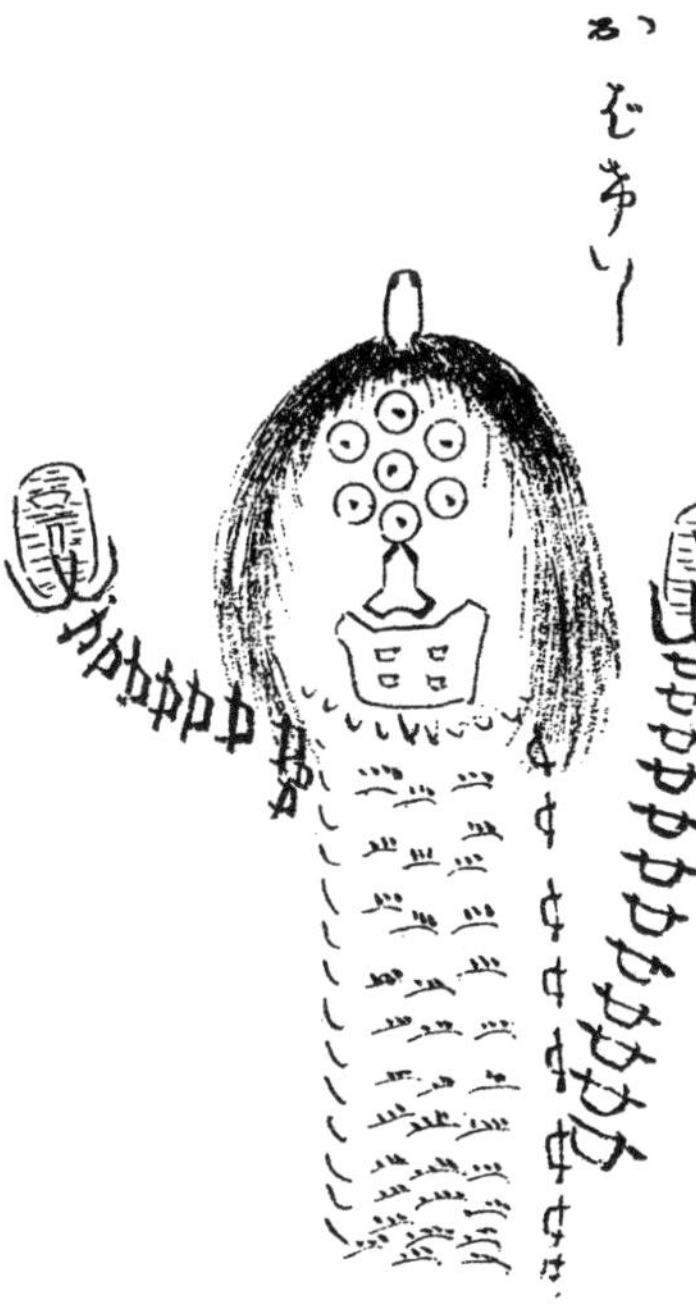

図15　田沼のお化け-(1)

(「落首聞書」『東京市史稿産業篇』第30，1986年)

図16　田沼のお化け-(2)

(「落首聞書」『東京市史稿産業篇』第30，1986年)

十日の日延、大評判〳〵。

とある。さらに図16（前掲書）の詞書には、

此度遠州相良ゟかり出し候化物、眼は四文銭のごとく、光りハ七ッ星の如し、歯は弐《に》朱銀《しゅぎん》の似たり、なき声凶年《ききん》となく、舌は大判の如く

一、此度顕れました化物は、三十年已来上〳〵方へはひこり、奥向へ取入、有増《あらまし》たぶらかし、武士方をあらし、或は己か威を振ひ、まひないを取り込、国〳〵に名をはびこり、三年已前印旛《いんば》沼を騒し、又砂をふらし、とろ（泥）を吹出し、又は新地を筑（ママ）出し、運上を取あけ、おのれか私欲を企て、町人百姓の生き血をしほりくらひ、世の中を困窮に致させ候事、みな化ものゝなすわさに御座ります

此度小間《こま》三匁百石ニ付廿五匁之鉄炮にて打留ました

コレ御老中〳〵

板元
神田橋

とあることからも、田沼意次を風刺したことは明らかである。なお「板元神田橋」とあるのは、神田橋に田沼の屋敷があったからである。

これらの風刺画にそえられた詞書は、誇張があり、なかには歪曲もある。しかし、つい

昨日までの権力者への悪感情を露骨にあらわしたものであり、また同時に痛烈な弾劾文の役割を果たしているといえよう。

以上の風刺画は、田沼意次をもって賄賂を貪《むさぼ》る悪者として扱っている。しかし、風刺画でいかに痛烈に非難されたとしても、そのすべてが必ずしも事実、真相を物語るものであるとみなすことはできない。他の諸資料によって客観的に証明されなければ、その風刺をもってただちに真実であるとみなすことはできないのである。

けれども田沼が風刺の対象となり、風刺画に描かれたことは、まぎれもない事実である。さらに田沼を風刺したおびただしい落首・落書のたぐいが輩出したこともまた事実である。これらは否定しがたい真実である。つまり、田沼が賄賂を貪ったと（真相は別として）当時の人々がみなしたことは、否定し難い事実であるといえよう。そして風刺した落首・落書や風刺画が多ければ多いほど、それだけ多くの人々からそのようにみなされ、同時に田沼が憎悪されていたとみることができよう。

寛政改革への批判

黄表紙にみる風刺画

麒麟の出現

松平定信《さだのぶ》は老中に就任すると、ただちに政治を享保の旧に復すと宣言した。定信は霊巌島吉祥院《れいがんじまきっしょういん》に参詣し、本尊の歓喜天《かんぎてん》に心血を注いだ願文を奉納した。彼は幕政改革のため政務に精励したが、その政策は細目にすぎたり、やや偏狭《へんきょう》なきらいがあった。

田沼政権を追い落として定信が登場した直後には非常な期待をかけられた新政も、時を経るにしたがって疎《うと》んじられ、やがて非難めいた声がしだいに現われるようになった。

万代にかゝる厳しき御代ならば　長生きしても楽しみもなし

孫の手のかゆい所へとゞきすぎ　足のうらまでかきさがすなり

といった狂歌がつくられた。定信は八代将軍の孫にあたるので、孫の手とかけたのである。改革政治の進行につれて、人々は以前の田沼時代と違った窮屈さに倦《う》みだしてきた。しかもうち続く経済不況に、庶民のなかから怨嗟《えんさ》の声すら生じてきた。

ゆがんでも杓子て下はすくはるゝ　すぐ《（直）》なれん木は下がつぶれる

まがりても杓子は物をすくふなり　すぐなやうでもつぶすすりこぎ

白河の清きに魚もすみかねて　元の濁りの田沼こひしき（白河は白河藩主の松平定信をさし、田沼は意知の時代をさす。）

「吉原言葉」のなかにも、

こおふうありんす　越中さん（松平越中守定信）

にくらしうありんす　弾正《だんじょう》さん（老中、本多弾正忠籌《ただかず》）

よしにしなんし　平蔵さん（火付盗賊改長谷川平蔵）

くどうありんす　町人御触

しみ〴〵すきんせん　綿服

とある。

恋川春町《こいかわはるまち》の『鸚鵡返文武二道《おうむがえしぶんぶのふたみち》』（北尾政美《まさよし》画、寛政元年）のなかに、ある武士が『九官鳥』という書籍を購入しようという場面がある。菅公著わした『秦吉了《きうくはんてう》』を九官鳥と誤ったことになっているが、実は定信の『鸚鵡言《おうむのことば》』をもじったものである。その定信の書のなかに、政には時と勢と位の三つがつきものである。たとえば、春にはいかのぼり（鳶凧《とんびだこ》）を揚げることがきまっているようにとの比喩があるのを誤解して、人々はよい歳をしていながらさかんに鳶凧を揚げる。すると鳶凧を仲間と思いちがいをして鳳凰《ほうおう》が姿を現わす（図17）。鳳凰の出現は聖代の奇瑞であるから、広く世に知らせようとして見世物《みせもの》にした。ところが麒麟《きりん》も出たので、これも見世物にしたとある（図18）。

名君の出ないうちに麒麟が出現するのは、もはや名君の世に出る望みはないのかと、孔《こう》子《し》が歎いたという故事がある。したがって右の麒麟の出現は、定信の治世にたいする非常な皮肉であるといわねばならない。

批判の犠牲者

『鸚鵡返文武二道』の題名の「鸚鵡返」は、鸚鵡が人の言葉を真似るところから、他人の言を少し変えただけで返答することをいう。当時さかんに書き写されていた定信の『鸚鵡言』をふまえての二重写しとなっている。「文武二道」は、朋誠堂喜三二《ほうせいどうきさんじ》の『文武二道万石通《ぶんぶにどうまんごくとおし》』を受けていることはいうまでもない。春町の『鸚鵡返文武二道』では、菅秀才《かんしゆうさい》を定信に擬していることは一読して明らかである。その

図17　鳳凰の出現

（『鸚鵡返文武二道』東京都立中央図書館加賀文庫所蔵）

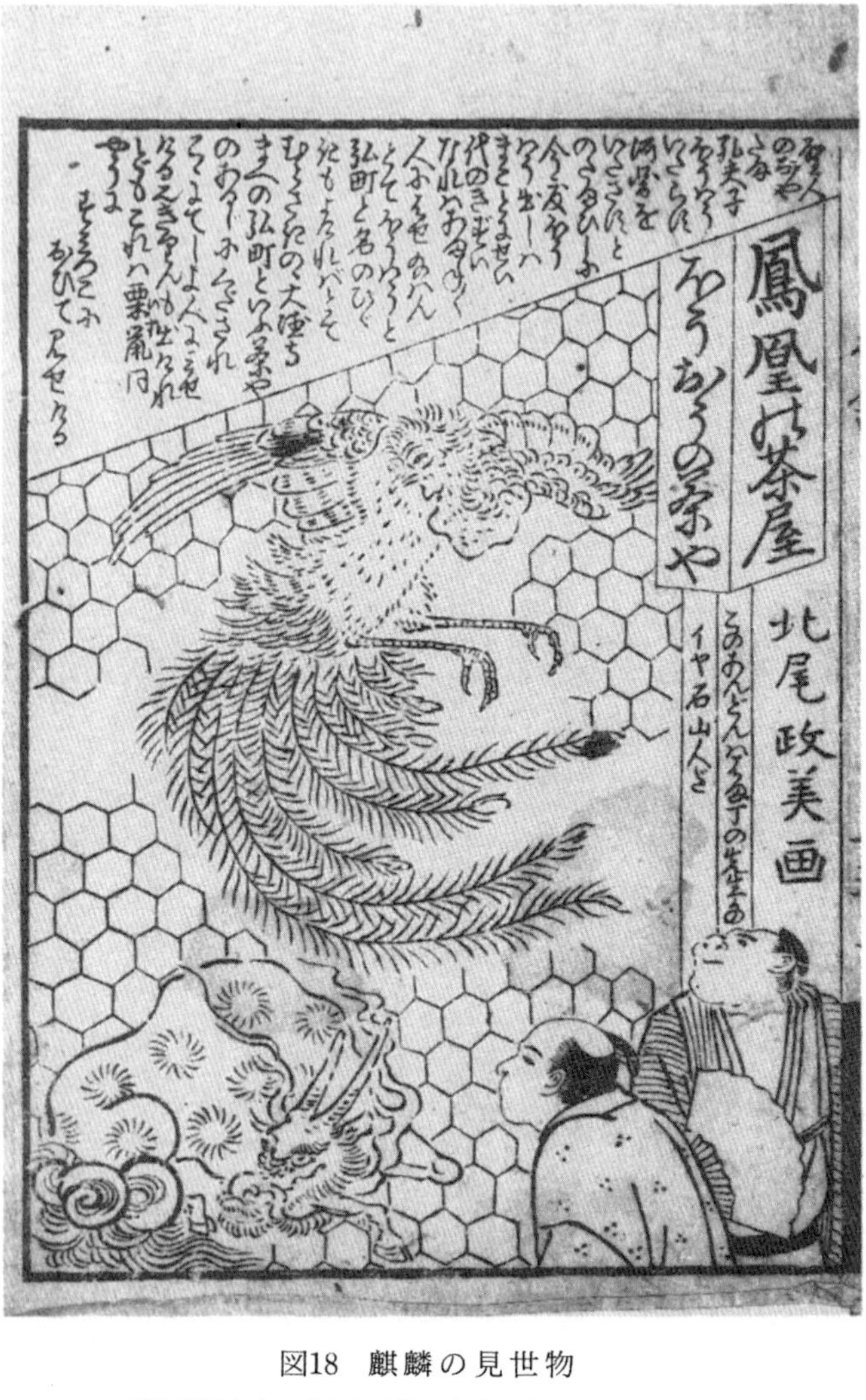

図18　麒麟の見世物

(『鸚鵡返文武二道』東京都立中央図書館加賀文庫所蔵)

うえ定信の養子先である白河の松平家の本姓は菅原であり、家紋は梅鉢であるのを挿絵ではストレートに使用している。

「これもまた大半紙摺りの袋入にして二三月頃まで市中を売あるきたり」（『江戸作者部類』）というベストセラーぶりであった。そのため春町は白河侯に召喚されると、まもなく病死した。自殺説はここに起因している。春町の子孫の倉橋家に現存する文書には「四月に長病のため依頼退役を仰せつけられ、七月七日病死」と記されてあるという（浜田義一『黄表紙川柳狂歌』解説）。また『よしの冊子《そうし》』には、本書は春町の書ではなく、春町の主君の小島侯松平丹後守（豊前守とあるのは誤り）の作であるという噂を記している。真偽のほどはにわかに判じがたいが、いずれにせよ一万石の藩ではあるが、年寄の本役という藩の要職にあった春町の身分は、白河侯の召喚により、よりいっそうの困難な立場に陥ったことは確かであろう。ともあれこの作品により、その死を早めたことは否まれないのである。恋川春町のほかにも前述したように御用達商人の石部琴好《きんこう》は追放となり、山東《さんとう》京伝《きょうでん》も手鎖《てぐさり》になるなど、改革政治の批判をしたための犠牲者は少なくなかった。

京伝の風刺

山東京伝の作に『玉磨《たまみがく》青砥《あおと》が銭《ぜに》』（喜多川歌麿《きたがわうたまろ》画、寛政二年）がある。その大要は北条時頼《ときより》の時代に諸人は生真面目となり、昼夜を分たず小便に行く間も惜んで稼ぐのをもって大通《だいつう》とした。そこで世の中で遊んでいるものは、めくり札と銀煙管《きせる》ばかりとなる。役者は残らず百姓となり、女形は田植えをする。また大磯の遊女は由井ヶ浜で汐汲《しおくみ》となる。遊女がいなくなったので諸人をなぐさめるため、狐《きつね》を遊女に、狸《たぬき》を幇間《ほうかん》に化けさせる。縮緬《ちりめん》の古褌《ふるふんどし》は出来あいの頭巾に、早桶《はやおけ》は蕎麦屋《そばや》の箸となる。このように少しも無駄のない世となり、無駄なものは臍《へそ》の穴と六道銭《ろくどうせん》ばかりとなる。

そこであるぬけめのない男が、鳥や獣も遊ばせておくのは無益だとして、多くの蝙蝠《こうもり》を集めて軽業を仕込み、鶴が岡の八幡の河岸《かし》で見世物にだす。

木戸番の口上には（図19）、

東西〳〵、是より口上を申上ます。昔聖代の時には麒麟や鳳凰があらはれましたが、此度《このたび》は蝙蝠《こうもり》があらはれまして芸とうを致します。

とある。定信の治世を瑞祥《ずいしょう》の鳳凰が現われず、蝙蝠が現われたと皮肉って風刺しているのである。口上をのべる男の着物の紋は他の人物と異なって、定信をあらわす梅鉢紋をさらに簡略にしたものとなっていて、暗に定信を示唆していると考えられるのである。

最後に青砥藤綱《あおとふじつな》が鎌倉の人々のゆきすぎを愚かなりとして、芝居も遊女も万事従来どおりにするように命じる。それは寛政改革のゆきすぎを風刺したものであるが、また藤綱そ

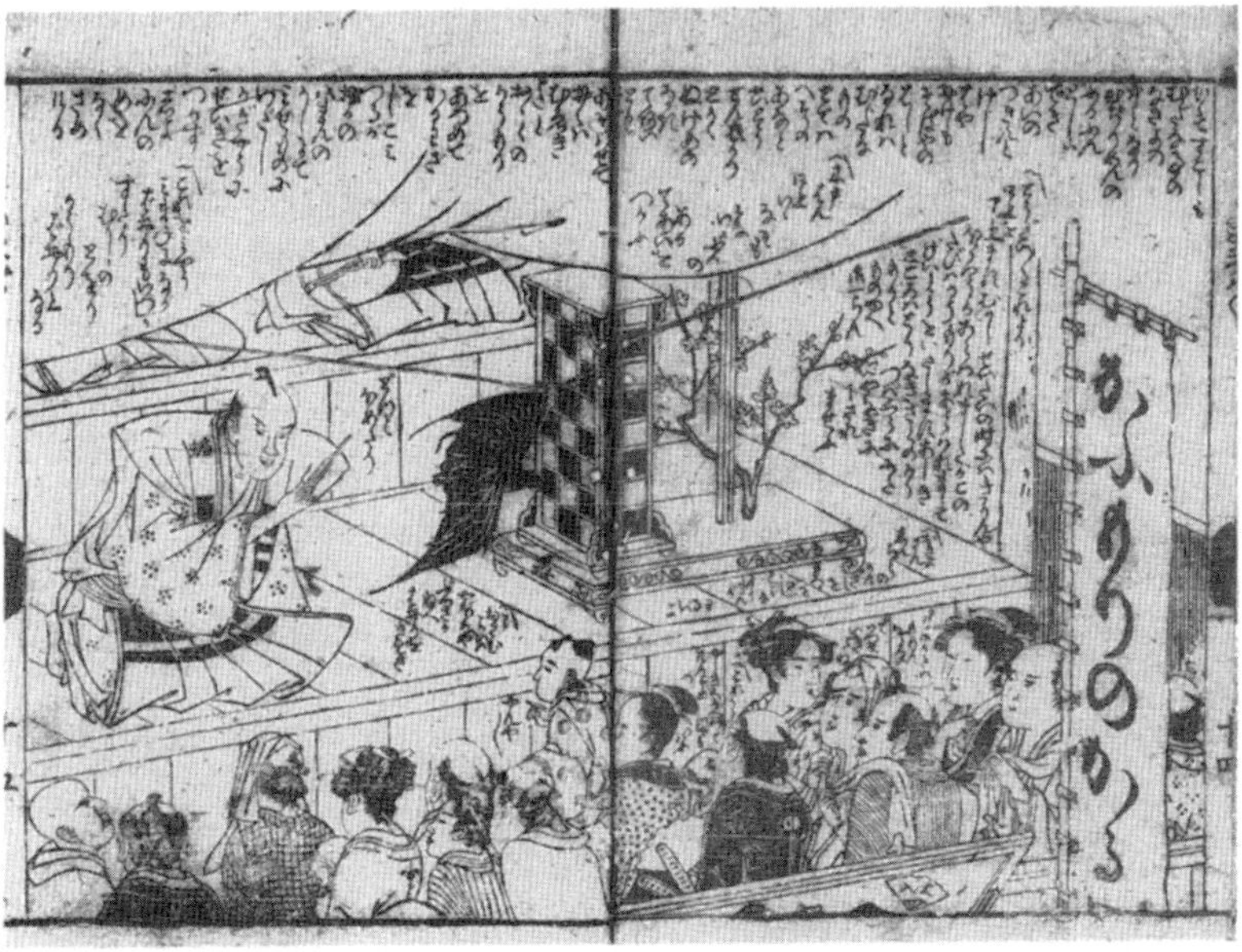

図19　蝙蝠の見世物

（『玉磨青砥が銭』東京都立中央図書館加賀文庫所蔵）

の人を定信に擬した面もうかがえる。前年には先述したように筆禍事件があいついで生じたこともあって、筆もぐっとひかえめとなり、風刺の針はより深く包まれている。しかし鳳凰は現われず、蝙蝠が現われたと、ちくりと針の先をのぞかせているのである。京伝の改革にたいする批判とみることができよう。

歌麿・豊国・一九の筆禍

歌麿の筆禍

『太閤記』と歌麿の筆禍

文化元年（一八〇四）、喜多川歌麿《きたがわうたまろ》はすでに五二歳の晩年であった。この年におこった浮世絵史上特筆すべき筆禍《ひっか》事件は、歌麿にとって精神的にも肉体的にも大きな衝撃であった。それは彼の死を早めたとさえいわれている。またこのおり、歌麿と同様に歌川豊国《とよくに》や十返舎一九《じっぺんしゃいっく》も『絵本太閤記』に関連して筆禍事件にあった。歌麿・豊国のは風刺画ではないが、幕府の出版統制よりみて密接な関連性があるため、ここにまとめてとりあげてみたい。

「太閤五妻洛東遊観之図」原因説

歌麿の筆禍の直接対象となったのは「太閤五妻洛東遊観之図」大判錦絵三枚続きであり、これが幕府の忌諱《きい》にふれて、咎めをうけたというのが従来一般の説である。

しかし、右の典拠は不明確といわざるをえない。その点について、鈴木重三氏は「資料にたどる歌麿の画業と生涯」(『在外秘宝・欧米収蔵浮世絵集成　喜多川歌麿』のち『絵本と浮世絵』に収録)において、従来の説に精密な検討を加えられた。その要旨は、まず『増訂浮世絵類考』に「太閤五妻洛東遊観之図」のような具体事例まで触れていないこと。曲《きよく》亭馬琴《ていばきん》の随筆『伊波伝毛乃記《いわでものき》』(文政二年)の記事からも、遊女をあしらった絵ではあるが、「太閤五妻洛東遊観之図」とは異なる図様に受け取られること。

また、関根金四郎編『浮世画人伝』(明治三十二年)、同編『本朝浮世絵名家評伝』(同年、ともに編者の父関根只誠の稿本〈明治十八年脱稿〉より写したものと推定)ならびに、ほとんど同じ内容の『徳川政府の出版法規』(『法制編纂』所収、典拠は文宝亭の『筆まかせ』によったとある)のいずれもが、つまり江戸期の二資料とも「太閤五妻洛東遊観之図」には言及していないこと。

さらに「太閤五妻洛東遊観之図」の出所の早いのは、同氏によると『名人忌辰録《めいじんきしんろく》』(明治二十七年）であるが、その典拠の明示はない。そのうえ『名人忌辰録』の記事には、信憑性の薄いものが多い。

宮武外骨《みやたけがいこつ》が「太閤五妻洛東遊観之図」を複製販売したおり、自費出版の雑誌『此花《このはな》』第二一枝に掲げた広告文において「太閤五妻洛東遊観之図」が処罰の直接要因であるという明証はしていないが、同図の印象を強調しすぎたきらいがある。そのため後年まで、この図のみがいいはやされてきたのであろうとみなされている。

ただし、同氏はこの「太閤五妻洛東遊観之図」が処分要因という説を全面的に否定され

図20　太閤五妻洛東遊観之図
（宮武外骨『筆禍史』）

たわけではない。処罰対象に目《もく》されたのは、むしろ稚児姿の石田三成《いしだみつなり》寵愛の図や、加藤清正《かとうきよまさ》が朝鮮の妓《うたひめ》を侍らせた酒宴図などの方ではなかったかとされている。以上のように鈴木氏は「太閤五妻洛東遊観之図」説の典拠の吟味検討からはじめ、種々手堅く詳細にわたって論証された。

以下、筆者の気づいた関連史料などから、さらに考察を進め、豊国・一九の筆禍ともあわせて検討を加えてみよう。

『半日閑話』などの記述

『半日閑話《はんにちかんわ》』巻八には、「絵本太閤記絶板被仰付《おおせつけらる》」と題した、つぎのような記述がある。

文化元子年五月十六日、絵本太閤記絶板仰せ付けられ候趣、大坂板元に仰せ渡され、江戸にて右太閤記の中より抜出し錦画に出候分も残らず御取り上げ、右錦画書く北川歌麿、豊国など手鎖《てぐさり》、板元十五貫文過料《かりょう》のよし、絵草子屋えの申渡書付も有

右の記述について、歌麿の描いた錦絵よりも、まず大坂で『絵本太閤記』が絶板を命ぜられ、やがて江戸でもこの書から取材した錦絵の類がことごとく没収され、歌麿や豊国らの浮世絵師たちが処分されたというように解釈するむきがある。しかしつぎに示す『摂陽《せつよう》

奇観《きかん》』や『街談文々集要《がいだんぶんぶんしゅうよう》』によると、まず江戸で『絵本太閤記』が禁止され、その令が大坂におよんだというのが真相のようである。

『半日閑話』は大田南畝《おおたなんぽ》の見聞手録で、明和五年（一七六八）より文政五年（一八二二）にいたるまでの記録である『街談録《がいだんろく》』二三冊に、後人が追補して二五巻にしたものである。現在、南畝自筆の『街談録』の所在が不明であるため断定することはできないが、『街談録』が『半日閑話』の大部分を占めていることから、また歌麿の筆禍事件が文化元年（一八〇四）であることなどにより、右の記事は南畝自身により『街談録』に書きとどめられた可能性が考えられるのである。

また仮に後人の追補であるとしても、それが文政十二年（一八二九）や翌天保元年（一八三〇）の記事の存在などからして、文政六年（一八二三）南畝の没後からさほど遠くをへだてたものではないと思われることなどにより、記述内容は信憑性を欠くものとはいえないであろう。

また浜松歌国の『摂陽奇観』巻四四には、

絵本太閤記法橋山画寛政九丁巳秋初篇出板七篇ニ至ル江戸表より絶板仰せ付けらる、其趣意は右の本江戸にても流行致し、往昔《おうせき》源平の武者を評せしごとく婦女小児迄夫々《それぞれ》の名紋所など覚候様に相成、一枚絵七枚つゞき或は三枚続きをここは何国の戦ひなど申様に相成候ところ、浮世絵師歌麿と申すもの右時代の武者に婦人の画をあしらひ紅摺《べにずり》にして出し候、

太閤御前へ石田児にて目見への図に、手を取り居給ふところ、長柄の侍女袖を覆ひゐるてい

清正酒えん甲冑《かっちゅう》の前に朝鮮の婦人三絃《さんげん》ひき舞ゐるてい、其外さま〴〵の戯画あり

右の錦絵　公聴に達し御咎《おとがめ》にて、絵屋は板行御取り上げ絵師歌麿入牢仰せ付けられ、其のうえ天正已来《いらい》の武者絵紋所《もんどころ》姓名など顕《あらわ》し候義相ならず趣、御触《おふれ》流し有り、猶亦《なおまた》大坂表にて出板《しゅっぱん》の絵本太閤記も同様に絶板に相成候、初篇開板已来七篇迄御許容有り候処、かゝる戯《たわむ》れたる紅摺絵《べにずりえ》にうつし本書迄絶板に及ぶこと、憎き浮世絵師かなと諸人いひあへり

とある。歌麿の錦絵が事件の引きがねとなった旨が明記されている。しかも石田、清正と朝鮮婦人などの錦絵が問題になったとあって、「太閤五妻洛東遊観之図」の名前は見えない。

ついで石塚豊芥子《ほうかいし》編で文化文政の二六年間の街談巷説を集めた『街談文々集要』には、つぎのようにある。やや長文にわたるが左に記しておく。

『街談文々集要』などの記述

子五月此の節絶板の品

絵本太閤記法橋《ほっきょう》玉山筆一編十二冊ヅ、七編迄出板

此書大に行はる、夫《それ》にならひて今年江戸表にて黄表紙《きびょうし》に出板す

太閤《たいこう》記《き》筆《ふで》の聯《つらなり》（割注略、以下同じ）、太々太平記《だいだいたいへいき》、化物《ばけもの》太平記、太閤記宝永板

右玉山の太閤記巻中の差画を所々を擢《ぬき》て錦画三枚つゞき、或は二枚壱枚画に出版、画師は勝川春亭《かつかわしゅんてい》歌川豊国喜多川歌麿上梓の内、太閤記五妻と花見遊覧の図うた麿画にて至極の出来也、大坂板元へ仰せ渡され候は、右太閤記の中より抜出し錦画に出る分も残らず御取り上げのうえ、画工は手鎖、坂元は十五貫文つゝ過料も仰せ付けられし

絵本太閤記絶板の話

寛政中の頃、難波の画人法橋玉山なる人、絵本太閤記初編十巻坂本大に世にもてはやし、年をかさねて七編迄出せり、江戸にも流布し、義太夫《ぎだゆう》浄るりにも作り、いにしへ源平の武者を評する如く、子供迄勇士の名を覚て合戦の咄《はな》しなどしけり、享和三亥年

一枚絵紅すりに長篠武功七枚つゞきなど出せり、然るに浮世絵師歌麿といふ者、此時代の武者に婦人を添て彩色の一枚絵を出せり
太閤御前へ石田児子髷《ちごまげ》にて目見への手をとり給ふ処、長柄の侍女袖をおゝひたる形、加藤清正甲冑酒宴の片はらに朝鮮の妓婦《ぎふ》三絃ヒキ舞たる形
是より絵屋板木絵師御吟味に相成り、夫々に御咎めに逢ひて絶板に相成候よし、其節の仰せ渡され左の通り（中略）
文化元甲子五月十七日
右に付太閤記も絶板の由、全く浮世ゑしが申口故にや、惜むべき事也

右によると、歌麿の描いた錦絵が直接の原因となって累が他の浮世絵師ならびに太閤記の諸本におよんだとある。ここでもやはり問題の錦絵は稚児髷の石田三成や、加藤清正の酒宴にはべる朝鮮の妓婦などであって、「太閤五妻洛東遊観之図」は、「至極之出来」ではあっても、取締りの対象として特に問題となった作品ではなかったようである。

以上『半日閑話』『摂陽奇観』『街談文々集要』という江戸時代の史料によっても、歌麿の筆禍事件の直接原因は「太閤五妻洛東遊観之図」のみであるという記述は一つもないのである。ただ誤解のないように念のため付記しておくが、「太閤五妻洛東遊観之図」は、

処分の対象の一つであったことを筆者は必ずしも否定するものではない。ただ「太閤五妻洛東遊観之図」のみが歌麿をはじめとする筆禍事件をひきおこしたかのように扱う説には、賛同し難いというのである。

『ききのまにまに』の記述

なお、筠庭《いんてい》喜多村信節《のぶよ》の手録である『ききのまにまに』には、

> (文化元年)五月十六日、難波画師玉山が図せる絵本太閤記、絶板仰せ付けられ候趣、大坂板元に仰せ渡され、是は江戸にて喜多川歌麿、歌川豊国等一枚絵に書たるを咎められて、絵本太閤記を学びたりといひしよりの事也、画師とも手鎖、板本は十貫文過料の由、絵草紙屋へ申渡書付あり、太閤記の絵本惜むべし

とある。それは歌麿らの錦絵がまず咎められ、ついで『絵本太閤記』に累がおよんだという前述『摂陽奇観』などの記述と一致する。喜多村筠庭は『増訂武江《ぶこう》年表』の補で、

> (文化元年)五月十六日、絵本太閤記絶版仰せ付けられ候趣、大坂の板元に仰せ渡され、江戸にては太閤記の中より抜出し候分も残らず御取上げ、右錦絵書たる喜多川歌麿、歌川豊国など手鎖、板元十五貫文過料の由、絵双紙屋《えぞうしや》申渡書付あり、これは其頃豊国大錦絵に明智《あけち》本能寺を囲む処、其外色々書て咎められしに、絵本太閤記によりた

る由を陳言せしかば、画本太閤記に災及べるなり、この絶板は惜むべし

とあって、事件の経緯説明を平易に述べている。右の記述が正しければ、事件の発端は歌麿の錦絵ではなく、歌川豊国の明智光秀本能寺を囲むの図ということになる。しかし、この記述を傍証するような他の史料は、現在のところ見当たらない。

豊国の筆禍と一九の筆禍

豊国の筆禍

文化元年（一八〇四）五月、歌麿《うたまろ》とともに処罰をうけた豊国《とよくに》への判決文は貴重なものであるため、左に掲げておきたい。五月十六日の落着である。

堀江町弐町目
利右衛門店
豊国事
熊　吉

其方儀、一枚絵認《みとめ》渡世いたし、書物・双紙《そうし》類新規ニ仕立候義無用之旨、町触《まちぶれ》之趣相《あい》弁《わきまへ》罷在《まかりあり》、太閤記時代の武者一枚絵ニいたし候は、新規の儀ニ候得共、一枚絵商売ものより相頼候ニ任《まか》せ、名前・紋所其儘相記《そのままあいしるし》、又は紛敷様《まぎらわしき》ニも認、軍場之地名等も書入遣候段不埒《ふらち》ニ付、百日手鎖《てぐさり》申付之。(市中取締類集十八、書物錦絵之部一、二四三ページ)

右によると、豊国は版元山口屋忠助より依頼をうけて描いた太閤秀吉時代の「武者一枚《むしゃいちまい》絵《え》」が取締りの対象となったという。『浮世絵画人伝』によると、豊国の筆禍《ひっか》を招いた絵は「太閤記中賤《しず》ヶ嶽七本槍《たけしちほんやり》の図」であったという。その記述が正しければ、石塚豊芥子《ほうかいし》の『街談文々集要《がいだんぶんぶんしゅうよう》』の「太閤記絶板」の記事に、豊芥子自写の「賤ヶ嶽七本槍」の加藤清正《きよまさ》、福島正則《まさのり》両武将の奮戦図が添えてあるのは、右の事実を示唆するものであろうか。しかし『武江年表』の喜多村筠庭《いんてい》の補によると、それは明智《あけち》光秀《みつひで》が信長を本能寺に囲むところとあるなど、豊国が処罰された対象の絵は明確ではない。

さらに天保十五年(一八四四)八月、絵草紙掛《かかり》加賀町名主《なぬし》(田中)平四郎《へいしろう》の上申書のなかに、歌麿・豊国に関したつぎのような記載がある。

橋本町四町目絵草紙屋辰右衛門、馬喰町三丁目同忠助板元ニ而、太閤記之内絵柄不知三枚続錦絵売出候処、右板元幷画師歌麿・豊国両人共、北御番所《ごばんしょ》江被召出御吟味之上、坂元は所払《ところばらい》、画師は過料《かりょう》被仰付候義有之(前掲『大日本近世史料』二四〇ページ)

文中の「北御番所」とは、いうまでもなく北町奉行所のことである。当時の北町奉行所は小田切土佐守直年《なおとし》（寛政四〜文化八年）である。右により歌麿と豊国が筆禍をこうむった事件を担当したのは北町奉行所であり、奉行は小田切直年であったことが判明する。ただし右平四郎の上申書は「画師は過料」とあるなど、やや正確さを欠くものがある。豊国は百日の手鎖《てぐさり》であり、歌麿にいたっては入牢説さえあるのである。豊国が処分をうけた同じ年の五月、十返舎一九《じっぺんしゃいっく》作・画『化物《ばけもの》太平記』もまた当局の忌諱《きい》にふれ、一九は手鎖五〇日に処せられた。

『化物太平記』の風刺　一九作・画『化物太平記』は、当時流行していた「太閤記もの」の時好にあわせた黄表紙《きびょうし》である。『絵本太閤記』初編巻の三までのパロディで、三虫の争いと登場人物を虫や獣、あるいは化物に見立てたところに特色がある。

すなわち小蛇を木下藤吉郎《とうきちろう》、蛞蝓《なめくじ》を織田信長、河童《かっぱ》を蜂須賀小六《はちすかころく》、鬼の化物を斎藤道三《どうさん》、山棟蛇《やまかがし》を安国寺恵瓊《えけい》、猫又《ねこまた》を福富平左衛門《へいざえもん》、狐を松下嘉兵衛《かへえ》に当てている。また小牧山御狩の陣、佐屋川《さやがわ》合戦も明瞭にわかるようになっている。そのうえ三虫の蛇対蛙、蛙対蛞蝓の関係は後編に譲る趣向であると予告し、読者の興味をつなぐのである。

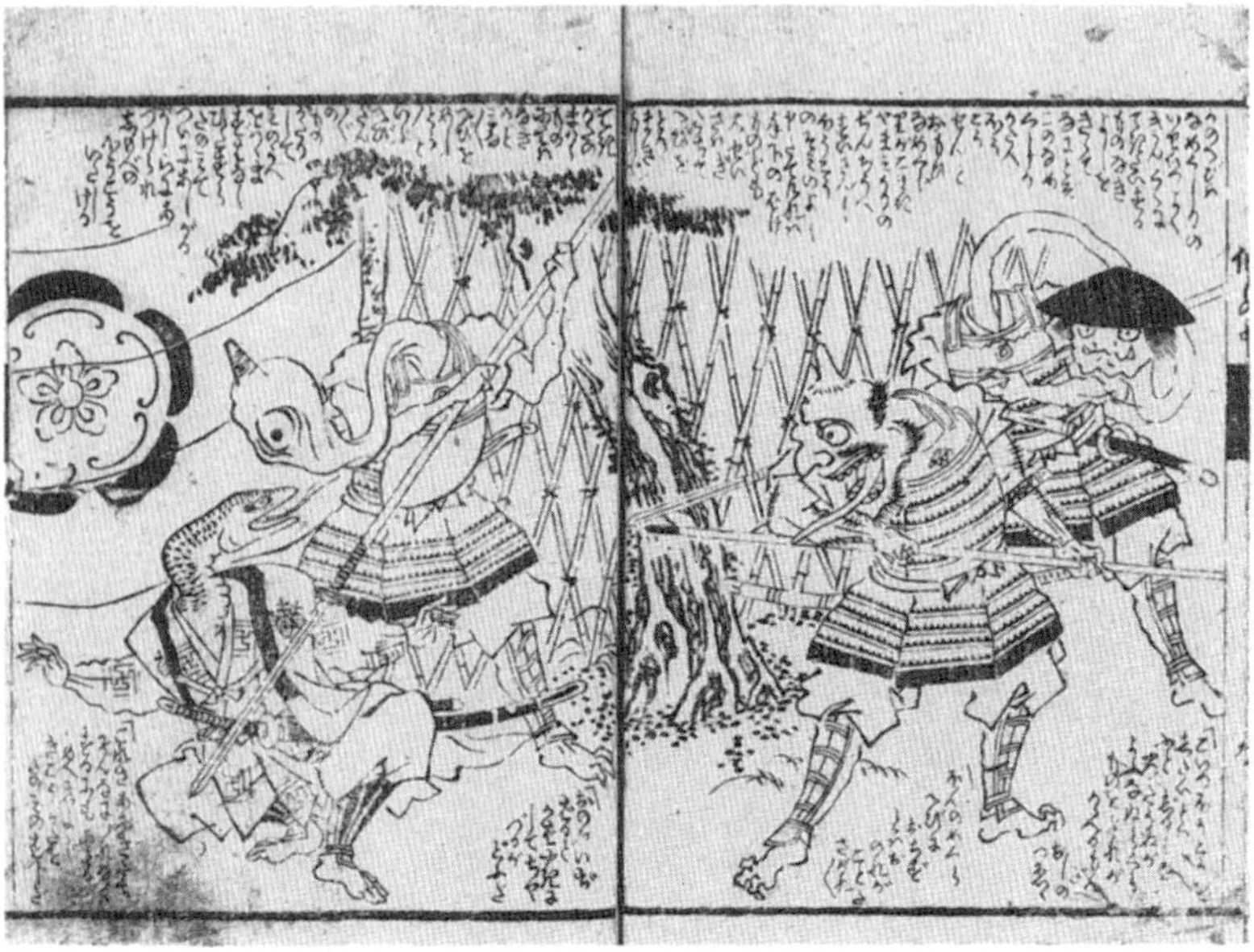

図21　織田の家紋

(『化物太平記』東京都立中央図書館加賀文庫所蔵)

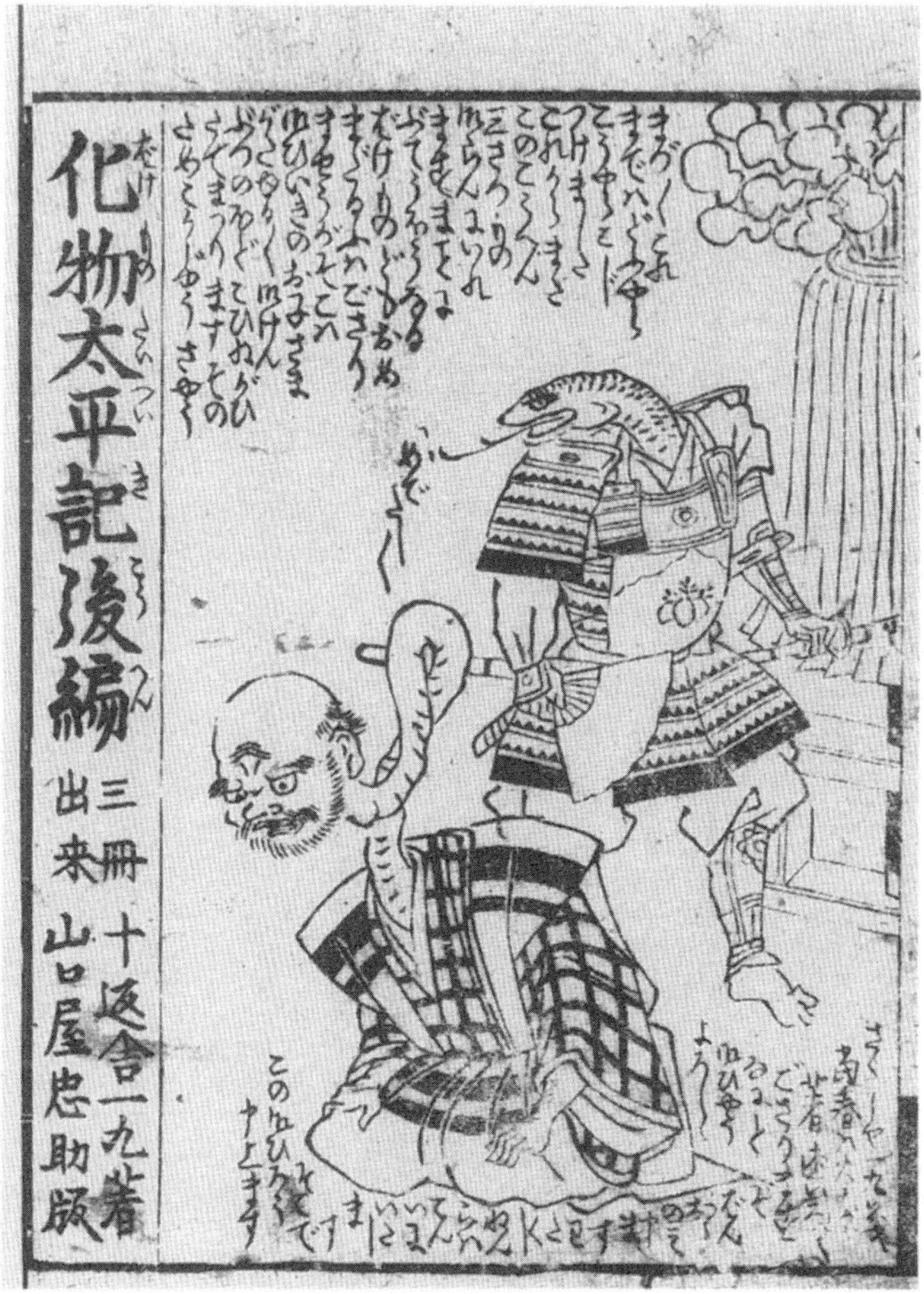

図22　蛇と千成瓢簞

（『化物太平記』東京都立中央図書館加賀文庫所蔵）

『化物太平記』の挿絵は、幔幕《まんまく》に織田家の家紋「五瓜に唐花」がはっきりと描かれているし（図21）、蛇（木下藤吉郎）にはのち秀吉が用いた五三の桐の紋を描いている。なかには側に千成瓢簞《せんなりびょうたん》さえ描いたものがある（図22）。信長が斎藤道三と正徳寺で会う途中に、長柄の槍を気取ってろくろ首を大勢ならべたユーモラスなものもある。また永禄二年（一五五九）四月、伊勢の北畠具教《とものり》と信長が伊勢の佐矢川で対陣した合戦があったが、本文中に戦場の地名をそのまま使用している。

一九の『化物太平記』を刊行した板元の馬喰町三丁目久次郎店忠助への判決文のなかに、

異形之ものニ右時代（筆者注—太閤時代）之紋所《もんどころ》等附候草双紙をも板行いたし売出

（前掲『大日本近世史料』二四三ページ）

とある。右の「異形のもの」とは、もろもろの虫や獣や化物をさすのであろうし、「草双紙」とは、一九作・画の『化物太平記』のことであろう。一九への判決文は未発見であるが、おそらく歌麿や豊国と同様に、太閤時代の紋所などを付したのが処罰の対象となったのであろう。

この『化物太平記』は「筋を追うよりもその絵に一九のかくされた意図が示されているように思われる」（小池正胤『江戸の戯作絵本』四、解説）という、示唆に富んだ指摘があ

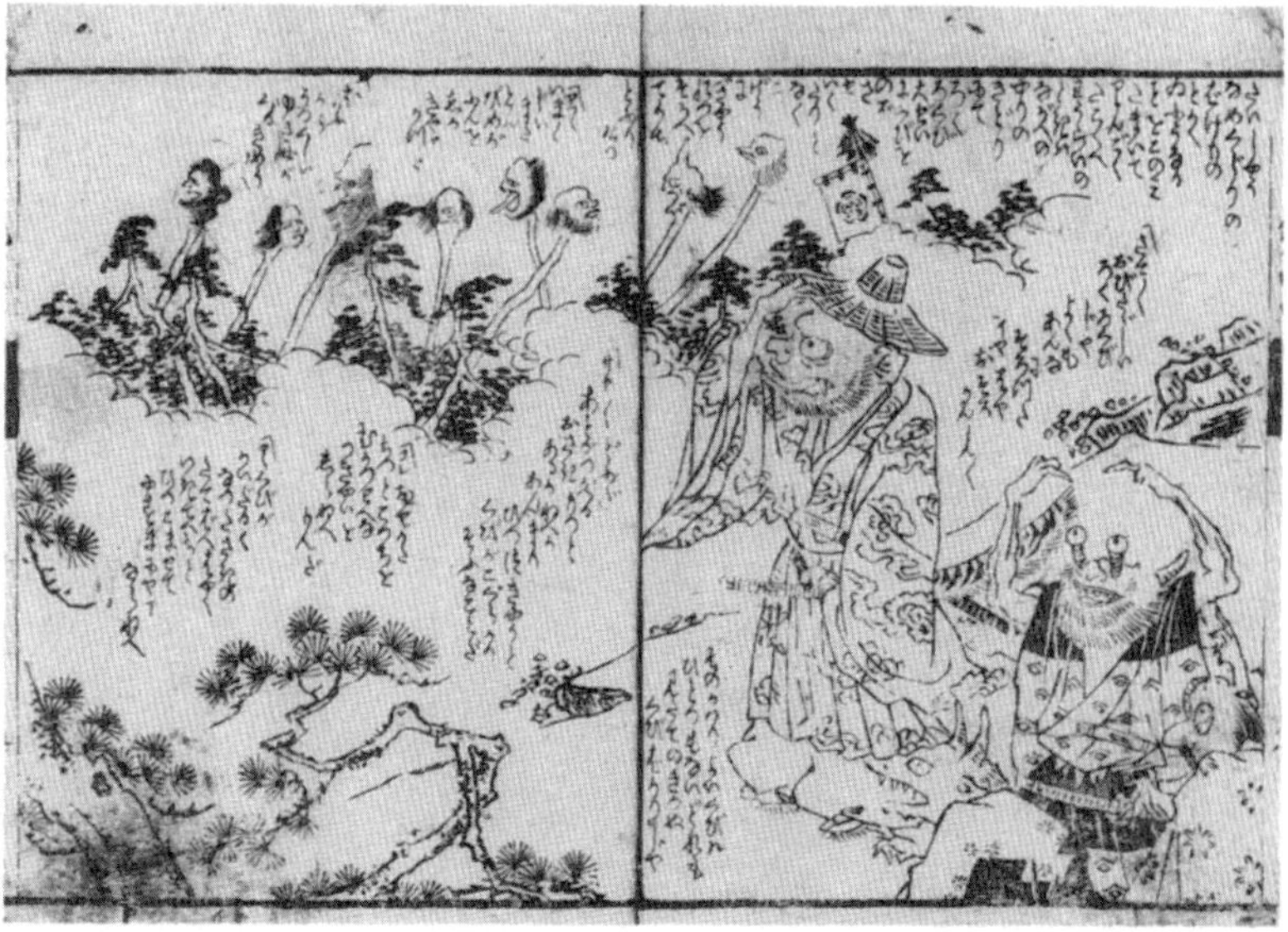

図23　ろ　く　ろ　首

（『化物太平記』東京都立中央図書館加賀文庫所蔵）

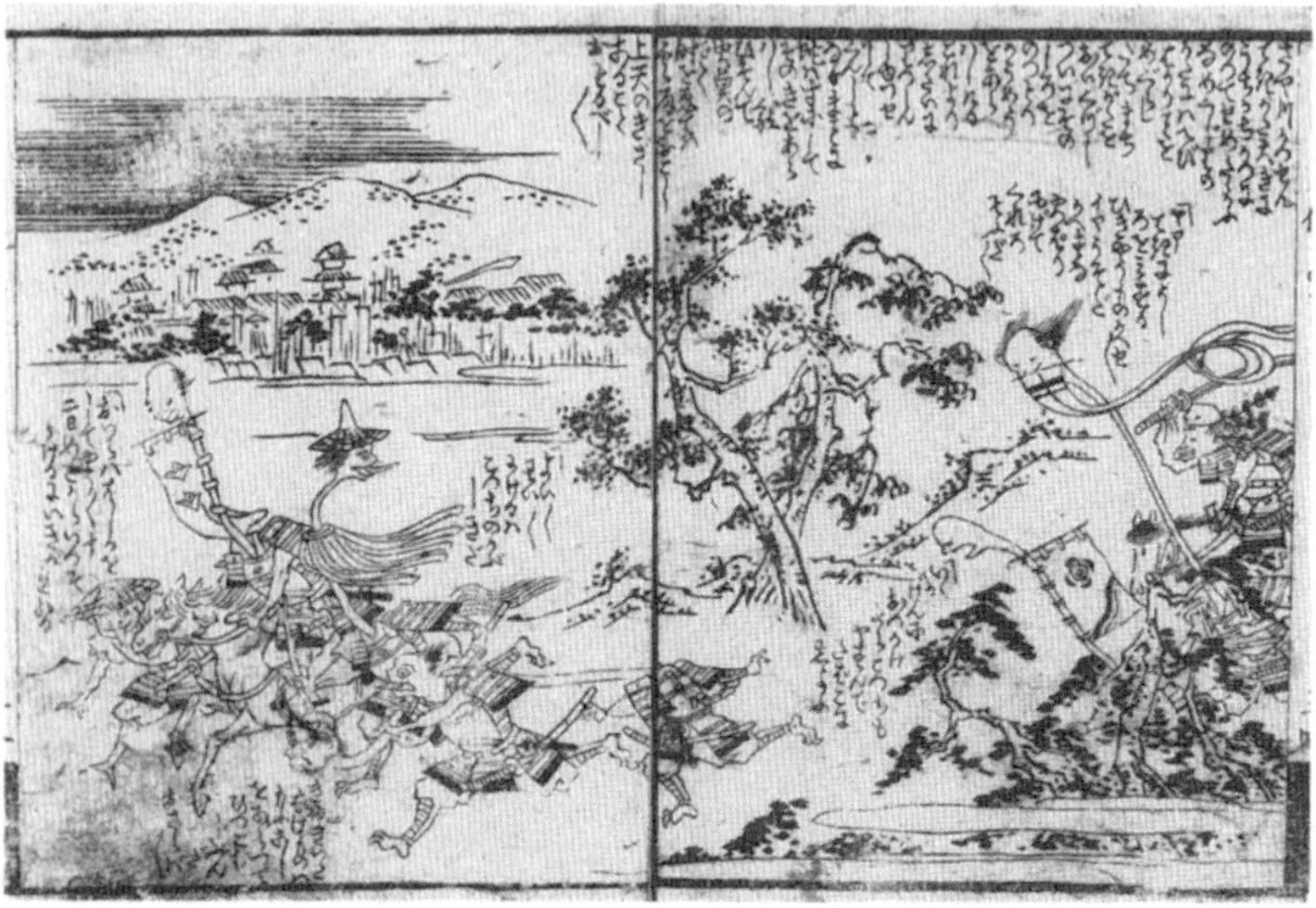

図24　佐矢川合戦

（『化物太平記』東京都立中央図書館加賀文庫所蔵）

る。さらに同氏は、すでに明治に宮武外骨《みやたけがいこつ》がその絵を風刺と断定(『筆禍史』)していることも併せ紹介されている。筆者は挿絵もさることながら、信長・秀吉を三虫の蛞蝓、蛇に擬したこと自体に風刺の意図を感じることを付言しておきたい。三虫の蛞蝓を信長、蛇を秀吉に擬せば、蛙は明智光秀であろう。しかし本書は初編であり、蛇対蛙、蛙対蛞蝓の関係は後編に譲る趣向となっている。したがって光秀とおぼしき蛙はまったく登場せず、挿絵はない。そのうえ初編では蛞蝓の信長は登場するが挿絵には一つも描かれていない。これにたいして秀吉の蛇はしばしば登場し、両者は好対照となっているのである。

豊国ら筆禍の契機

筆禍の原因

文化元年（一八〇四）五月、幕府は『絵本太閤記』など一連の太閤記本に絶版を命じ、また歌麿《うたまろ》や豊国《とよくに》をはじめとする浮世絵師を処罰した理由は、以前より禁じている「天正以来の義は、所名前をあらはし」たためであるとして、以後厳しくこれを禁止したのである。

天正以来の人物や合戦を描いて、その人名を明らかにするのを、なぜ幕府は好まなかったのであろうか。それについては右の事件より四〇年後の天保十五年（一八四四）に、つぎのようなことがあった。同年五月、芝三嶋町長兵衛店絵双紙屋喜兵衛より「川中島合戦」（三枚続き）が板行されたおりのことである。右の「川中島合戦図」は、去る文化元年の天正以来云々の令達に違反するのではないかと問題になった。そのおり当時の南町奉行鳥《とり》居《い》耀蔵《ようぞう》より北町奉行鍋島直孝宛ての返答書によると「天正後之武者等名前を顕し候を被禁候は、畢竟《ひっきょう》御当家江拘候儀有之故と相聞候」（前掲『大日本近世史料』二三九ページ）とあって、はしなくも幕府が天正以来の武者名を明らかにするのを嫌い、取締りをする真意を述べているのである。そして川中島合戦の絵は「御当家江拘り候儀無之」のために没収されることもなく、無事に事件は落着したという一件があった。

　右のことからも理解されるように、幕府は将軍の祖先にあたる家康の所業が身分の低い町人たちの間で興味本位の話題にのぼり、あるいは批判、ときには嘲笑の対象となるのを嫌ったのである。『摂陽奇観』にも、

（『絵本太閤記』は）江戸にても流行致し、往昔源平の武者を評せしごとく婦女小児迄夫々の名紋所など覚候ように相成……爰《ここ》は何国の戦ひなど申様に相成候

とある。それとほぼ同様の記述が『街談文々集要《がいだんぶんぶんしゅうよう》』にもあることは前掲したとおりである。

　当時は『絵本太閤記』のほか『太々太平記』（嘘空山人作、藤蘭徳画）、『太閤記宝永板』（近藤助五郎清春）など一連の太閤記本が流布していた。さらに歌麿、豊国をはじめ勝川《かつかわ》

春亭《しゅんてい》などによって「賤ヶ岳七本槍《しずがたけしちほんやり》」「明智光秀《あけちみつひで》本能寺を囲む図」「長篠武功」（七枚続き）など、太閤記を取材した合戦図や武者絵がさかんに板行されていたのである。これら一連の太閤記本および同時代の武者絵は、一種の太閤ブームを生起せしめたことであろう。

さきに幕府はその祖家康が描かれ、町人たちの話題にのぼることを嫌ったと述べたが、諸大名にとっても同様の心理が働いていたと思われる。それはなにも一枚の絵に表現されることとは限らなかった。大名やその家臣たちは、自己の家柄や祖先が絵双紙《えぞうし》のなかに登場し、あるいは芝居に上演されるのを異常なほど嫌う傾向があった。たとえば鍋島化猫《ばけねこ》騒動を扱った芝居を上演しようとすると、その家臣たちは家名を傷つけると騒ぎだし、町奉行を動かして上演を見あわさせたことがある。また延命院《えんめいいん》を主題とした芝居も、さる筋より寺社奉行に交渉があり、これまた上演中止となったことがある。

豊国・一九の一連の筆禍事件の契機も、右のようにさる筋より町奉行や寺社奉行に交渉があり、それにもとづいて関連したすべての錦絵ならびに一連の太閤記諸本が、いっせいに取締りをうけたのである。それは『化物太平記』の版元である山口屋忠助への判決書のなかにうかがえるところである。

忠助への判決文

文化元子年五月十六日落着

馬喰町三町目
久次郎店
忠　助

其方儀、一枚絵草双紙問屋いたし、書物・双紙類新規ニ仕立候儀無用之旨、町触之趣を弁罷在、太閤記時代の武者一枚絵草双紙ニいたし候は、新規之儀ニ候得共、売口多可有之と一枚絵ニ為認、名前・紋所等其儘《まま》認、又は似寄紛敷《によりまぎらわしき》様にも認、軍場之地名等書入候も有之、板行いたし候処、右之内其家筋より断受絶板候も有之（傍点筆者）、然ル上は、残之分右ニ可准ニ候得共、其儘売捌、猶又《なおまた》異形之ものニ右時代の紋所《もんどころ》等附候草双紙をも板行いたし売出、且、新板之品は行事共江差出、改請候上売買可致旨之町触をも相背、右一枚絵之内には、行事共不差出分も有之、旁不埒ニ付、絵并板木共取上、身上ニ応し重過料《かりょう》申付之。（『市中取締類集』二四三ページ）

右により、一九作・画『化物太平記』の板元は山口屋忠助であったことが判明する。また前述した天保十五年八月、絵草紙掛名主平四郎の上申書により、豊国が処罰をうけた一枚絵の板元もまた忠助であったことは明らかである。そして忠助への判決文（仕置申渡書）のなかに「右のうち、其家筋より断り受け絶板候もこれ有り」とあるところから、事件の発端は豊国の一枚絵であり、しかも某家からの断りから生じたものではないかと思われる。

歌麿ならびに歌麿の描いた一枚絵の板元（橋本町四丁目絵草紙屋辰右衛門）への判決文が見い出せないので断定はできないが、歌麿処罰の背景も、ほぼ同様の契機から生じたとも想定されるのである。

天保改革と風刺画

改革のはじまり

士農工商のおののき

十九世紀の三、四〇年代の天保期に入ると、封建社会の諸矛盾の歪《ひずみ》がますます大きくなり、幕藩体制の危機はいっそう深刻化した。老中水野忠邦《ただくに》はかねて以前より幕政改革の抱負をもっていたが、前将軍家斉《いえなり》の「西丸御《にしのまるご》政事《せいじ》」が行われて、忠邦の改革も抑制されがちであった。しかし天保十二年（一八四一）閏正月に家斉が長逝すると、忠邦は待ちかねたように三佞人《ねいじん》らの西丸側近派を粛清し、同年五月、天保改革を強行した。同年五月より十四年十二月までのあいだに二〇〇近くもの町触《まちぶれ》が雨下した。二年余のあいだにこれだけ多くの町触がでた例はかつてないことであった。

やがて世の中は眉に火がついたように俄《にわか》に事が改まって、士農工商はすべて「おのゝくばかりなり」といった状態となった。改革を心よく思わない水戸斉昭《なりあき》や紀州藩、それに幕府の役人たちの動きは、天保十三年（一八四二）秋ごろからかなり顕著になっていた。その批判が改革の中心であった水野忠邦にむけられたのは当然である。以前の享保や寛政の改革とはくらべものにならないほど多くの落首や落書がつくられ、水野の苛酷な政治を批判した。当時つぎのような落《おとしばなし》咄がある。

水野忠邦は将軍の御用で日光山に参ったおり、中禅寺の山中で名鳥を手に入れた。「それもよかろう」と鳴くのであった。その名鳥を江戸に持ち帰って将軍に献上したところ、どうしたことか将軍の前では少しも鳴かない。そのために鳥は水野に返され、忠邦は面目を失った。屋敷に帰った忠邦は鳥に「お前が鳴かないばかりに、おれは今切腹しなければならない」と小言をいったところ、鳥は「それもよかろう」。将軍が政治のすべてを忠邦にまかせて、忠邦の言うことなすことのすべてに「それもよかろう」といっていると皮肉り、さらに忠邦の退陣をのぞんだものである。

また「流行水越《りゆうこうすいえつ》（水野越前守忠邦のこと）はなし」には、

肴売りが越前屋（水野越前守忠邦をさす）へ来て、「旦那、今日は鰹《かつお》が安いよ。壱本買ってくれませんか」「いや、壱本はいらない。背中の方だけ貰おう」「そういわないで腹も召しませ」。

とある。背の方だけでなく腹の方も買って召しあがってくれということと、切腹してもらいたいこととをかけたものである。やはり忠邦の退陣を願っている小咄である。

将棋合戦と墨塗合戦

このような風潮のなかで、天保十四年（一八四三）七月、長谷川町定次郎店《だな》絵草紙屋喜兵衛より絵草紙掛名主《かかりなぬし》月番の小網町伊兵衛に提出し改印をえた、国芳《くによし》画「将棋合戦」三枚続きの浮世絵が板行された（図25）。その

書館所蔵）

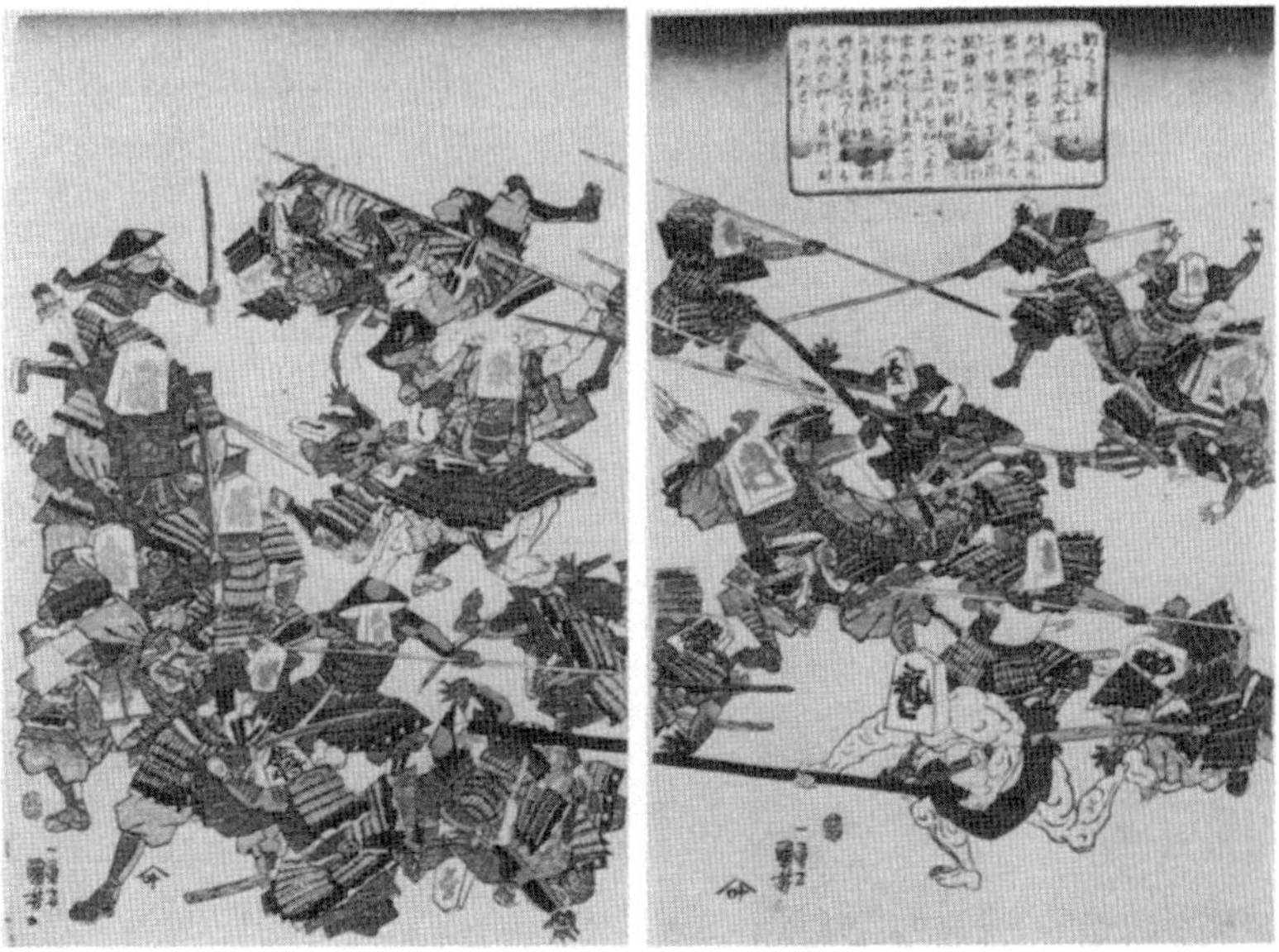

図25　将　棋　合　戦

(歌川国芳「駒くらべ盤上太平棊」国立国会図

絵は将棋の駒が合戦しているものであるが、そのなかで飛車《ひしゃ》が「竜」となり「竜王」と書くべきところを「竜口《タツノクチ》」とある。また桂馬を「雁馬《ガンノウマ》」とあるほか、駒の文字がいずれも「寄せ字」となっていて、角が矢を射て楯に当っているのをさして市中では「惣《すべ》て物事、筋違ニて矢も楯もたまらぬ」といい、この絵は判じ物であると市中で評判であった。

市中の風評が高まっていったためか、ある武家の内職でその類板が板行された。掛名主は類板を販売した南伝馬《でんま》町二丁目の絵草紙屋安兵衛ほか一人を呼出したところ、約一〇〇枚ほど引きうけて所々に売りさばいたとのことで、残った二組を取り上げた。また元数寄《もとすき》屋《や》町四丁目佐四郎店大助は、十月三日より約八〇〇枚ほど売ったという。掛名主は早速町奉行所に贋作《がんさく》浮世絵の販売中止を願いでた。

これらのことから、国芳の「将棋合戦」は相当数が江戸市中で販売され、またそれだけ評判も高く、人々がその絵から何を求めていたかが推測されて、興味あることがらである。武家の手による贋作だけでも約一〇〇〇枚売れていたことなどからも、人々の改革政治への批判・抵抗の一端がうかがえよう。

翌八月には国芳画「禁裏墨塗《きんりすみぬり》」（一名、墨戦之図）の戯画が板行された（図26）。人々はこれはいったいどのような絵であろうかといぶかった。むかし内裏が大和にあって、奈良に遷都のころ、公卿がたがいに墨を塗りあい墨合戦と称して戯れたのを画師土佐某が写した古絵巻物がある。それを国芳が描いたのにすぎず、特に深い意味のあるものではないということであった。しかし大坂でこの絵をみた『浮世の有様』の著者は、一方の大将のそばで青海波《せいがいは》の模様の衣服を身にまとっているのは水野忠邦、婦人は将軍の御愛妾《あいしょう》、僧侶らは感応寺本門寺《かんのうじほんもんじ》のものであろうとみなした。そしてこの絵の趣向は、人物のすべてが衣冠の姿となっているのは武家が衰え公卿のように柔弱となったこと、婦人や僧侶が公卿のように大いに用いられて、彼ら佞人が権勢を振って欲の算盤《そろばん》より諸人を苦しめるようなことばかりしている。江戸・大坂の上知《あげち》、印旛《いんば》沼の干拓、近江《おうみ》の一揆は、彼らの強欲よりおこったものであり、この絵はその判じ物である。そのため板行後すでに絶板を命じられたものであると記している。一枚の同じ絵が見る人により、あるいは場所を異にすることによりいかに違った解釈がなされるかの好例であるが、それはまた画工の意企とまったくかけはなれた解釈なり風評がひとり歩きするものであることをよく示している。

妖怪の鳥居耀蔵

忠邦は将軍家慶《いえよし》に提出した上書のなかで、現在の都市の奢侈《しゃし》は慢性化した難病のようなものである。劇薬で荒療治しなければならない。そのため一時城下が衰微し、商人の離散があってもやむをえないと述べている。それは奢侈品の取締りにとどまらず、日常生活の全般にわたり、さらに風俗・娯楽・芸能・出版などの各方面に急速に拡大されていった。特に鳥居耀蔵《とりいようぞう》（任官して甲斐守忠耀《ただてる》となる）が天保十二年（一八四一）十二月に南町奉行に就任すると、市中の取締りはいちだんと厳しくなった。

鳥居は大学頭《だいがくのかみ》林述斎《はやしじゅっさい》の次男で、かねてより南町奉行の市中取締りが手ぬるいと慨嘆していたほどであったので、大変な意気ごみで町奉行に就任した。従来南北両町奉行の担当であった市中取締掛を、翌正月より鳥居の南町奉行所が主として担当するようになった

図26　墨　戦　之　図

（東京都立中央図書館東京誌料所蔵）

のも、水野の腹臣である鳥居により改革の徹底を企図したのであろう。取締りの厳しさに市中では鳥居の耀蔵と甲斐守とをかけて「妖怪（耀甲斐）」とよんで恐れおののいた。

改革の都市民にたいする生活統制は、祭礼緊縮令から始まった。天保十二年（一八四一）十月には奢侈禁止令が出され、贅沢な菓子・料理類、華美な能装束、金銀の箔や金物をつけた破魔弓《はまゆみ》、菖蒲刀《しょうぶがたな》や羽子板類、八寸以上の雛人形や人形類、手のこんだ装束《しょうぞく》・雛道具・煙管《きせる》、そのほか金銀や彫刻・象眼《ぞうがん》・蒔絵《まきえ》などを使用した玩弄品《がんろう》などであった。さらに高価な衣服、櫛《くし》、笄《こうがい》、簪《かんざし》などの装身具も禁止した。

翌十三年、鳥居が南町奉行に就任してまもなく、違反者が続々と捕えられた。高価な鼈甲《べっこう》を売った商人は江戸払いとなり、表奥坊主と二の丸奥坊主の二人は高価な鼈甲櫛・簪を買ったため押込《おしこめ》となった。そのほか高値の袋物や履物・鼻紙・袋物類、半襟小切類、雛人形や子供手遊の品々、呉服物などを売買して押込、所払い、江戸払いとなったものは少なくなかった。没収された品物は役人が立会い、当人の眼前で打ちくだいたり切りさかれた。それらは佃島《つくだじま》に運んで焼却するという厳しさであった。

このように十二年十月の奢侈禁止令を皮切りに、統制は市民の日常生活全般に拡大された。金銀具の所持を禁止し、金銀座に提出させた。家屋も違法の建物は先代の建てたものであっても、違法の箇所は六月限り取り払うよう命じた。また以前より禁止されていた初物《はつもの》の売買を改めて厳禁した。初鰹《はつがつお》や初茄子《はつなすび》などの初物を食べるのを自慢にしていた江戸っ子には、かなりの不評であった。

海老蔵の大目玉

風俗営業や芸能・出版などにも厳しい取締りが行われた。吉原以外の岡場所は全部取り払い、私娼は厳禁した。料理茶屋・水茶屋などにも商売替えを命じて撤廃させた。また市中で五百余軒あった寄場を一五ヵ所だけ残して全部閉鎖させた。そのため多くの咄家《はなしか》などの芸人はその職場を失った。江戸三座および操座《あやつりざ》は浅草山之宿《やまのしゆく》（猿若町）に移転させ、「大江戸の飾海老《かざりえび》」と江戸っ子の誇りとされた七代目市川団十郎も奢侈を理由に江戸十里四方に追放となった。時の川柳に、

海老蔵は役者の中で大目玉

とあるのは、このときのものであろう。海老蔵は人並より目が大きかったことと、お目だまをくった（叱られた）ことをかけたものである。そのほか人情本や錦絵の取り締りが行われるなど、生活統制はあらゆる面におよんだ。

厳しい取り締りのため、江戸をはじめ京都・大坂も市況は沈滞した。天保十二年六月、呉服商の越後屋本店・同向店、大丸の三店での売上額は前年同月にくらべて三三％から四

○％近くまで激減した。白木屋《しろきや》にいたっては以前の五〇〇〇両が一三三〇両（差額三六七〇両、七三・四％減）といちじるしく減少したことが、隠密廻りによって調査報告されている。大坂では心斎橋で仕事がなくなった縫物職人が自殺した。その遺書に「御改革に付、身上立行難く、是非なく縊死《いし》す」とあったため、幕政批判をしたという理由で葬式は禁止された。

忠邦は地代・店賃《たなちん》をはじめ物価引下げを命じた。たとえば従来一二文の蕎麦《そば》（並）は一一文に、上酢《ずし》は一〇〇文で一四個あったのを一五個に、豆腐一丁四八文を四四文に引き下げるように指導したが、そのおり豆腐では縦・横の大きさまで限定するというように細かく指示した。また賃銀の公定をはかり、銭相場も固定した。さらに十組問屋などの株仲間を解散させ、自由競争による物価の下落をはかったが、経済界は混乱した。強引な改革の諸政策と酷吏の横行に庶民の不満はますますつのり、忠邦の辞職をせまる落首・落書・落咄の類が、いっそう痛烈となっていった。

苗売

ないや〳〵苗はよしかな　　初物茄子の苗

白粉ぬつた夕顔の　なひ

鼈甲さしたつむりの　なひ
十組問屋に株の　なひ
職人さつはり渡世か苗
諸色か下れと買てか苗
世間はねつから金か苗　　ゆふずふのなひ仕方かない
題目木魚講中なひ
御上《おかみ》に政事の御ひまかなひ　　下《し》もではさつぱり弁《わきま》へなひ

このころの落咄に、つぎのようなものがある。

股引《ももひき》を買いに行き、「越中股引」はあるかと尋ねたところ、それは五〇年も前のことで、今はありません。只今は「越前股引」というのが御座います。それはどのように仕立てあるのか。別に変わったところは御座いません。上の方はゆるりとしてまち（町）がつまります。

越中股引とは寛政改革の松平越中守定信《さだのぶ》、越前股引は水野越前守忠邦であることは明白である。忠邦は定信の寛政改革を範としたのであるが、ともに「上はゆるり」として下のほうの襠《まち》（町）はつまって窮屈で庶民は困っていると皮肉ったものである。

水野越前守が御用で日光山に行った帰り、水戸に廻って水戸殿（斉昭）から大きな槍を貰った。水戸殿が言うには、「越前守、お前は思いやり《(槍)》がないから、是《これ》をやる」。大きな槍は普通の槍よりも重い。重い槍と思いやりとをかけたものである。

新作落シ噺シ

△殿様、〇家老

御家老、殿様の前へ出て、御前、此度は早く御服（腹）をめされ候えと言ふ。△服（腹）を切るのはいたいからいやだ。〇そんなら首をくゝりなさい。△それはみくるしいからいやだ。死にさへしたらよかろう。〇左様で御座ります。△そんなら、したを喰切て死のふ。〇それは、したがいたみます。△おれはしたのいたむのは一向にかまわぬ。

舌と下（庶民）とをかけたものである。

国芳の妖怪図

奇想の国芳

改革の進行にともない、江戸の市中は恐怖政治にも似た状況となった。禁制の本繻子《じゅす》の帯をしめていた若い女性は、町奉行所の廻方《まわりかた》によって衆人環視のなかで着物をはぎ取られた。また客を装って町奉行所の同心が禁制品をしつこく求め、つい売ってしまうと主人が呼び出されて油を絞られた。さらに役人が縄つきの囚人を装って改革を批判し、合づちをうつ者があると逮捕したのである。人々は息苦しさから少しでも逃れるため、先にみたようなジョークによって、やりきれない気持のはけ口としたのであろう。政治風刺のジョークの対象となったのは、改革の中心人物水野忠邦《ただくに》であったのは当然である。しかし、なかには将軍家慶《いえよし》自身が嘲笑の対象となったものもある。

改革による取締りがピークに達した天保十四年（一八四三）の夏八月、堀江町伊場屋から歌川国芳《くによし》の三枚続大錦「源《みなもとの》頼光公館土蜘作妖怪図《らいこうこうやかたつちぐもようかいをなすのず》」（以下、妖怪図と略称す）が刊行された（図27）。国芳は武者絵のほか「荷宝蔵壁《にたからぐらかべ》のむだ書《がき》」や「としよりのよふな若い人だ」などで著名な奇想の浮世絵師である。彼は豊臣家の紋である桐の文字をかたどった「芳桐」の印章を好んで使用した。このことからもわかるように、彼は幕府にたいしてある種の反抗的精神の持主であった。

市中の評判では、仮眠中の頼光は夜着に葵の唐花があるので十二代将軍徳川家慶である。夜着に青海波《せいがいは》の模様が描かれているのは、水野（忠邦）にまかれていることをあらわす。政治はすべて忠邦にまかせているので世上のことは何事も知らない。眠っているのは水野の悪政、庶民の怨念をまったく知らないのを風刺したのだというのであった。しかも絵の下半分は青く上半分は黒い。四天王の居る富士の裾は青く、妖怪の出る部分は黒くなっている。そのためこの絵は上（おかみ、将軍）の政道が闇（やみ、暗愚）だから、下々の庶民は真青になっているのを風刺したものであると噂しあっていた。

土蜘蛛《つちぐも》は美濃部筑前守茂育《もちなる》（新番頭格、三佞人《ねいじん》の一人で忠邦のため失脚）、土蜘蛛の額は梅鉢だから筒井伊賀守政憲《まさのり》（元町奉行、解職される）、巣は矢部駿河守定謙《さだのり》（巣が矢はずで富士の形になっているため、富士＝駿河守の駿河とかけたもの。元町奉行で鳥居のため失脚）などと、市中の風評はさまざまであった。また台の上の兎は水戸斉昭《なりあき》（卯年生れ）とか林肥後守忠英《ただふさ》（若年寄、三佞人の一人で忠邦のため失脚）、台の下の紙は美濃紙で水野美濃守忠篤《ただあつ》（三佞人の一人、御側御用取次、忠邦のため失脚）、台の下の梨子地《なしじ》の桔梗丸《ききようまる》の模様は太田備中守資始《すけとも》（老中、忠邦のため罷免となる）であるとみなされていた。これらはいずれも忠邦や鳥居《とりい》耀蔵《ようぞう》によって追放された失意のものたちであった。

　これにたいして四天王は忠邦をはじめ、その一味のものたちである。沢瀉《おもだか》の卜部《うらべ》季武《すえたけ》は水野忠邦（沢瀉の紋）、渡辺綱の三つ星に一の一字は真中より割れて六文銭になっているので老中真田信濃守幸貫《ゆきつら》（家紋は六文銭）、坂田金時《きんとき》は老中堀田備中守正篤《まさあつ》（佐倉藩主、着物に桜花の模様）、碓井《うすい》貞光（源氏車の紋）は老中土井大炊頭利位《としつら》（土車の紋）、あるいは榊原主計頭《かずえのかみ》忠之《ただゆき》だという風評であった。

国芳の予防線

　土蜘蛛妖怪については、古くは『平家物語』や『太平記』などに見え、転じて謡曲の土蜘蛛となり、また古浄瑠璃に作られたのち芝居に上演され、やがて広く浮世絵に描かれるようになった。特に武者絵の好画題として、多くの浮世絵師によって描かれていた。

しかし、古くからあるありふれた題材でありながら、天保十四年国芳の描いた妖怪図の構図は従来の土蜘蛛妖怪図とくらべてまったく斬新なものであり、しかも時勢を諷したものであったから、まず江戸市中で非常な評判となった。ところが卜部季武の沢瀉、碓井貞光の源氏車の紋は、古くは寛文（一六六一～七三）ごろの浄瑠璃本の挿絵にそれらしいものがあり、文化版春亭《しゅんてい》画の「土蜘蛛退治」などにも明らかであるから、古来からの定例と思われるので、特に新たに国芳が創意したものではないという（古堀栄「史料としての錦絵」六『浮世絵志』三〇）。とすると、以前からある卜部季武の沢瀉の紋と水野忠邦の紋

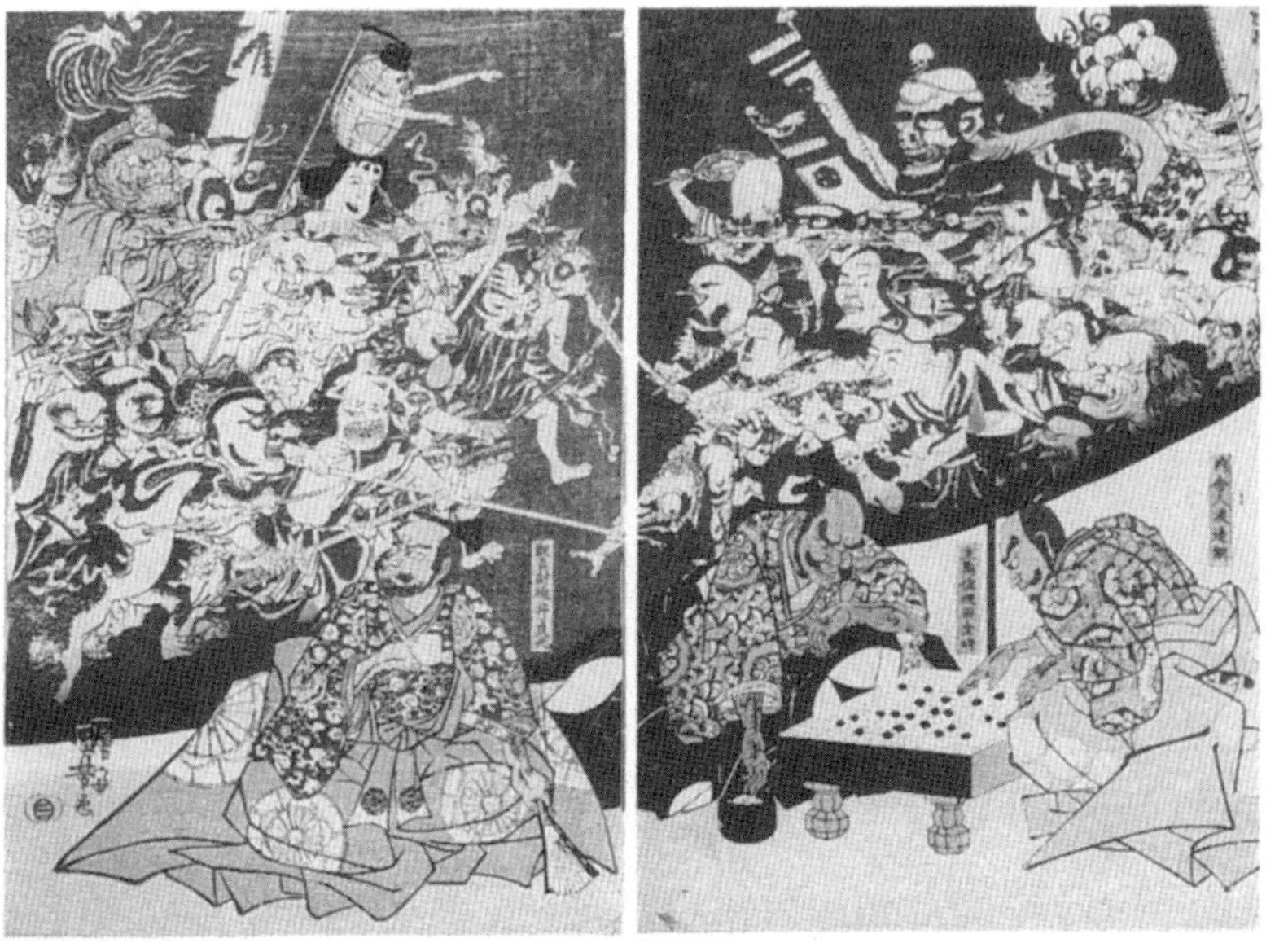

図27　源頼光公館土蜘作妖怪図
（東京都立中央図書館東京誌料所蔵）

とは偶然にも一致していたわけで、人々は容易に季武をもって忠邦とみることができたわけである。

このように考えると、国芳はあらかじめ幕府当局より詰問されても、十分に弁解できると見込んでいたと考えられる。まして厳しい改革中の板行なればなおさらのことである。でなければ、すでに武者絵の第一人者としての地位を確保していた国芳が堂々と署名し、何を好んであえて身の危険をおかしてまで板行する必要がどこにあったのであろうか。たしかに時勢を諷したものであり、国芳は国芳なりの抵抗であったと思われるのであるが、それだけに十分用心してかかったはずである。したがって沢瀉の忠邦を除き、図中に見える紋所でもって当代の人物の何某と穿鑿《せんさく》し推考することは、十分に用心しなければならない。このことは、図中に描かれたさまざまな妖怪についてもいえよう。

妖怪の身もとしらべ

国芳の描いた個々の妖怪が何を風刺したものであるかを調査することは、それなりの意味があろう。しかし、製作者の国芳自身が妖怪のすべてについて、それぞれになんらかの風刺の意味を含めて描いたかどうかは確証すべくもない。しかし、当時九段（現千代田区）に居住していた井関《いせき》隆子は、その日記に「ある人画書国芳に問しに、是は誰《た》ぞ、かれは何ぞと、絵解《えとき》聞しより次々いひつぎしかば、世の人珍らしみいみじく求めて」とあるように、国芳は最初より寓意をこめて描いたものがあったという事実は重要である（『井関隆子日記』下巻、一五九ページ）。

石井研堂《けんどう》は「若《も》しこの頼光の図が、正しく当時の政治を誹謗したものとする時は、それこそどんな重罪に当てられるかも知れない。で、たとひ真意は其の積りで画作しても、成るべく左様見えないやうに書くべき筈で、改革に関係の無い無名のお化をも態《わざ》とどつさり混じてあるやうだ」（『天保改革鬼譚』）と述べているように、妖怪のすべてがそれなりの意味があったかは疑問である。

栗本鋤雲《じょうん》の兄の幕医喜多村香城（一八〇四〜七六）が往時を追想した『五月雨草紙』にも「世に恐るべきことは人智の機妙にて……遂に書画の当人も、心付ざる所迄に至るなり」とある。当時の人々が個々の妖怪にたいし、思い思いに勝手な解釈をしていたことは明らかであるが、現在個々の妖怪のすべてを無理に何かに当てはめようとするのは問題が残る。しかし多くの妖怪は改革政治により家業を失ったもの、あるいは処罰された人々であるという風評がもっぱらであった。したがってここでは個々の妖怪のすべてが何であるかの穿鑿をし、なんらかの決定をすることはせず、まず当時の人々の風評をそのまま整理すると、表1のようになる。『浮世の有様』は大坂および京都の評判である。表1の右端

表1　妖怪の諸説

妖　怪	『天保雑記』	『浮世の有様』	『鬼譚』	大坂の付箋
歯のない轆轤首	娘・子供	江戸の噺家の喜蝶	咄し家	
鬼瓦が泥鏝を捧る	塗屋・鬼瓦左官	鬼瓦左官	ごろつき	
雀	躍の類	高直の飼鳥停止	小鳥	
九ツの骸骨の馬印	苦界・女郎屋	菱垣十組問屋	十組	
福禄寿・三ツ目	株主・地主・金貸		水天ぐ	
亀に棒	鼈甲屋		鼈甲	
河太郎	姣者に芝居者	かげま，河童，頭長の人		かけま茶屋
木魚	講中	念仏講	木魚講	念仏講・木魚講など
蟹	権門(這といふ儀)			
貂《テン》・狼の形	竜野侯・芝居者			
貂・狼の牙	寺の幡，質屋・小呉服			
西瓜	初物	水くわしや，八百屋の化物	砂村	初物
鯰の蓮の花持	池の端取払	鯰は印旛沼の主	四目屋	
馬上の大将	ヲカッ引，奥州医師某	浅草辺切店，座頭のあたま		
筆を持ハ	祐筆大沢弥三郎	祐筆，屋代太郎	祐筆大沢	橋爪勘平
幟の上茶釜	水茶屋	水茶屋	水茶屋	水茶屋
馬	高金不相成三十両留なり	博奕	抱主	
口を明たるハ	鳶		宿無	
挑灯	四ツ手駕籠			
剣	成田山			
蓮の葉を冠る	子をろし寺・大黒	子のおろしや		
眼の丸い	成田屋		海老蔵	
坊主頭鰻の頭巻	飯盛女，中山智泉院	下谷の和尚と飯盛女のお長(お栄)	中山	教光院
魚	料理茶屋			
緋衣	中山法華寺			
歯のない	おはなし売			
三ツ目	神子			
象	南蔵院・増上寺			
上ヲ向口を明ける	金物		施主	

蛸	大凧	凧，手のこんだ凧		
蔦	棚倉侯			
貧僧の福耳	御城坊主衆			
下達摩	名主熊井利七郎			
腹雀	中野石翁		碩翁	
大天狗	天狗長と云鳶，金毘羅，松平伯耆守			
蟇	姥か池	夜たかのぎゅうの化物		女医師，子おろし
凹鼻児髪	印旛沼弁天財，おみよの方，下駄屋天鵞絨のはな緒雛			
閻魔	地獄	地獄茶屋，地獄という女郎		
官女の下は	土岐			
三途川婆ゞ	手引			
女の首二つ	田中加賀守，女髪結，結し人と結たる人			
具足着	牧野侯・鳥屋・尾上菊五郎			
丸	揚弓			
顔の逆	陰陽師取払	さか口（地名）の揚弓	女髪結	わざわいは上より起る
狐	稲荷			
蝸牛	一名てて虫・見世物類	角細工・夜たか	夜たか	
幟	神道上論散銭半分	二割下げ，後藤の紋，呉服屋の困れる様子	半田	十組問屋
分銅	天秤・銀座	銀座		
挑灯	切見世・古金座	野送の御趣意	とみ	両替屋
官女	中田新太郎吟味与力			
一ツ目	祭礼・天王・一ツ目の検校	本所一ツ目弁天という女郎		
髪の丸	唐物屋手に持し珊瑚樹			
猫の竹を持つ	竹本浄瑠璃かたり，男女芸者風	竹本女太夫		女浄瑠璃，町芸者
一眼で頭上に鳥，指三本		天王祭は三年休	三天王	一ツ目付近の遊女屋

に「大坂の付箋《ふせん》」と記したものは、大阪府立中之島中央図書館所蔵の国芳の妖怪図で、図中の人物や妖怪の個々に付箋を貼付したものである。付箋の形状は、国立国会図書館所蔵のものが細長い短冊状であるのにたいし、それよりやや幅が広く、先端が三角状で、下はやや末広がりとなっている（妖怪自体の解釈はもとより、妖怪の表記のしかたが出典により異なるものがある。『浮世の有様』には表記のほか若干の記述があるが、不明のため省略した）。

妖怪は改革の犠牲者

右により同一の妖怪を指してさまざまな解釈をし、種々のうけとめかたをしていたことが判明する。それは当時の江戸や大坂でいかにさまざまな推測のもとに、人々がそれぞれ勝手な解釈をしていたかを示している。それをみても国芳のまったく意図しないことが、国芳の真意のようにみなされ、まことしやかに江戸市中や大坂で流布していたかを物語るものである。しかし個々の妖怪について人々の判読は異なるものがあっても、全体としてみるとさほど大きな変化はないことが理解されよう。つまり一見するとまとまりのないようであっても、これを子細に検討すると料理茶屋、市川海老蔵《えびぞう》、芸者、中野碩翁《せきおう》などの処罰者やこれに類するものたちである。

初物や料理茶屋などの奢侈品統制、咄家《はなしか》、女義太夫、見世物《みせもの》類などの風俗・芸能等の生活統制は、『天保雑記』『浮世の有様』『天保改革鬼譚《きたん》』のいずれも過半をしめている。このことは当時の江戸および大坂の庶民は、天保改革を贅沢の禁止、風俗・芸能の統制に宗教的なものを加えた生活面での統制として、もっとも強くうけとめていたことを示すものであろう。

この国芳の妖怪図でみるかぎり、天保改革が庶民にあたえた影響は風俗・芸能の統制、奢侈品の禁止などという生活面でもっとも強烈であったことを示すものといえる。そしてより重要なことは、これらの妖怪の多くは改革による処罰者か、あるいは生活を破滅させられたものであるということである。改革政治により江戸では「家業を御差しとどめ、御咎《とがめ》などにあいなり候ものの恨み」であるというもっぱらの評判が強かった（『開板指針』）と記されている。大坂でも「何《いず》れも（老中）水野が為に産を破られ命を失ひし者どものおん怨」である（『浮世の有様』）とあるように、庶民のみるところ東西軌を一にするものがあった。

国芳によって描かれた五十余の妖怪について、人々のさまざまな解釈は噂となって「江戸中大評判」となった。そのため板元は処罰を恐れ自発的に錦絵を回収し板木も削除したので、板元も国芳も処罰はうけなかったという（『藤岡屋日記』）。国芳のこの風刺画は板元の予想もしないほどの大評判となった。絶板となったのちも、これを求めに絵草紙屋を訪れるものは絶えず、「絶板ニナリテハ愈《いよいよ》狩野家ノ名画ヨリ尊シ」（『寒檠璅綴《かんけいそうてつ》』）と記されるほどの評判であった。改革を風刺した浮世絵の購入を求める庶民の欲求のなかに、また描かれた個々の妖怪をもって時の権力者をはじめとする人物や事物に擬すこと、あるいは五十余の妖怪の一つ一つに説明の附箋を貼付した行為そのものに、庶民の天保改革への批判と抵抗、そして怨念すら見出すことができるのである。

贋作の続出

このように天保改革への庶民の抵抗を基盤とした江戸町人たちの、同浮世絵への需要があまりにも根強く大きいのをみて、利にさとい別の板元たちはつぎつぎに贋作《がんさく》を板行していった。まず同年冬、堀江町新道板摺《ず》りの久太郎は貞秀《さだひで》画で土蜘蛛の絵を小形にし、絵双紙掛り名主の改印を取って出板した。化物のところは国芳画のように板木をこしらえて刊行し、隠し売りをした。つまり店先には名主改めをうけた化物のないところを吊し、三枚続き三六文で売った。名主改めをうけない化物の部分は、尋ね来た者に三枚続き一〇〇文で売ったのである。これが大評判となって板元の久太郎は捕えられ、二〇日家主預けの後、三貫文の過料《かりよう》（罰金）、貞秀も三貫文の過料となった。

その後また芳虎《よしとら》画で小形一二枚の四ッ切の大小にし、たとう入りにして一組三匁《もんめ》で売った。坂元は松平阿波守の家来で板摺り内職の高橋喜三郎であり、この品を卸売りしたのはせり問屋の呉服町直吉、小売は絵双紙屋の辻屋安兵衛である。これは翌弘化元年（一八四四）正月十日捕えられ、高橋喜三郎は阿波屋敷門前払い、辻屋安兵衛は、八ヵ月の手鎖《てぐさり》、芳虎は三貫文の過料となった（『藤岡屋日記』）。

これとは別に、国芳の元版と称するものにさえ数種類の異版がある。さらにこの風刺画は江戸だけにとどまらず、大坂、京都でもそれぞれ二〇〇〇枚あたり売り出され、大いに流行しついに禁止をみるにいたったのである（『浮世の有様』）。したがって国芳の妖怪図は改革による庶民の被害の様相を物語る反面、ユーモラスな面をもった各種の妖怪を創作した彼の奇才もまた見逃すことはできない。国芳の奇才が時勢に乗じて妖怪図に発揮されたことによって三都で大評判となり、多くの贋作を輩出せしめるにいたったのであろう。

右の国芳の妖怪図の板行をみたところ、同じ江戸でまた別の風刺画が板行されていた。それは右の妖怪図と同様に種々謎めいた風評のあったことが「新刻図解《しんこく》」として『天保雑記』に記されている。それによると提灯をつけた婦人が描かれているのをさして、「闇のごとき世」であるといい、多くの櫛が描いてあるのをもって「櫛ハ髪の乱れを正し直くする道具である。これを多く図に描くのは、おさめん事をまつ」意味であると解しているのである。

水野忠邦の風刺画

天保改革の中心人物であった老中水野忠邦《ただくに》の風刺画は少なくないが、それらは水野の老中罷免後まもないころに作られたと思われる。

水獣と馬鹿物

見世物の言立

アレ御らふじ遊せ。水獣《すいじゆう》と申化物。七十五里大灘の辺より出まして、面はうつくしく、欲針といふ針をもち、上をかすめ諸人をなやまし、あそこをこハし、ここをとり上げたといふハ、皆キヤツがし業。佞《ねい》かんばんに偽なし。なる程是ハにくいやつ、恐しいやつだと御独り御得心参りましたら、代は六匁《もんめ》で御代万歳〳〵。(図28)

右の「水獣」とあるのは水野忠邦をさす。「大灘」は遠州灘のことで、遠州は当時忠邦の領地であった。また文中「あそこをこハし、ここをとり上げ」というのは、床見世《とこみせ》や岡場所の没収、さらに上知《あげち》令などをいうのであろう。

馬鹿物《ばかもの》

此度珍《めず》ら敷《しき》化物、遠州浜松の灘より上り、日本橋より未申《ひつじさる》の方に当て、西の城下に出て諸人をなやませ諸株をとりくらい、弐本角にて世界をかき廻し、両眼ハ日月の如くして鼻高く、口を明、なかぶくらにして下ハやせ衰へ、尻尾をまきあけ、髪(上)をさわがしし(下)たをみじめにして、うさい角とは違ひ御改革といふ化物にて、剰《あまつさ》へ金の金着を腰につけて、奇妙奇代の化物也。馬鹿物ともいふ。此化物今一両年も出ている事ならハ豊歳《ほうさい》たり共、日本国中の人々三分通ハ餓死すべし。又此節世上にて噂あるにハ、ひごうの国日間もと皆無山の化物出るといふ。去ル御武家方いゝ合しにハ、西城下の人々数多損すへしと言。紀伊国世直し大明神に祈請をかけ、右化物をほこらの中へ押込。然る処何国の人やら石火矢《いしびや》石鉄砲にておどすといへどさらに出る事なし。是偏《これひとえ》に世直し大明神の神力による所也と、一同に悦《よろこ》ふ事かきりなかりけり

図29の文中に「紀伊国世直し大明神」とあるのは、水野忠邦の失脚に紀州家が動いたことを示している。旗本たちは上知令に反対し、難渋を徳川斉昭《なりあき》に訴えようとしたが、当時

斉昭は在国中であったため、紀州家に嘆願して同家を動かしたのだという。紀州家は、菱垣廻船積問屋仲間《ひがきかいせんつみとんや》の解散以来、忠邦にふくむところがあった。そのうえ、上知令の進行次第では、飛地の伊勢松坂領一八万石を収公される恐れを痛感していた。松坂には、江戸その他の大都市に出店をもつ豪商たちが集まっており、金融上の便宜をえていたから、同地を失うことは藩の財政に少なからぬ打撃を受けることになるのである（北島正元『水野忠邦』吉川弘文館、一九六九年）。

世の中に甘みの届く蜜柑かな
お坊さん蜜柑もらつて目が覚めた

といった狂句は、紀州侯が将軍に諫言《かんげん》したという風説をよんだものである。

海角の悪獣

つぎの「海角《うみつの》」と題した風刺画の文言はやや長文であるが左に記しておく。

頭に三角の角あり
手足の爪長し
口ハ大海の如し
鼻ハ天狗《てんぐ》の如し
腹ハラクダの如し

図28　水　　獣-(1)

(矢島隆一編『江戸時代落書類聚』巻20,
国立国会図書館所蔵)

図29　馬鹿物

(矢島隆一編『江戸
時代落書類聚』巻20,
国立国会図書館所蔵)

からだハ永楽銭の形
所々にあり
一名
海角と云悪獣の図
是ハ、此度古今珎敷《めずらしき》悪獣故、肥前《ひぜん》国唐津《からつ》の海中より顕れ出て、遠州浜松に流着。則、入上覧候処、獣一入《ひとしお》御評判ニ預り、諸人に見せばやと先西城下に居所を構へ、見物ハ勝手次第、大小名武家百姓町人に至る迄、日々此獣を見る人、櫛の歯を引が如し。右獣ハ、己が気に向の人をバ何成と自由自在に願望を叶へ候ゆへ、我も〳〵と機嫌を取ゆへ、後〻にハ右獣大胆不敵と成り、欲心増長して中〻手易く亡す事不能《あたわず》。其獣へ近づく時ハ食物に金銀等を先少々づゝ袖のかげより喰すれバ、随分いくらも喰。夫《それ》のみならず、後々ハ田地田畑をあらし、諸式株を取揚、新地建家迄喰あらし、其上日光辺迄飛行し、唐がらしを沢山に食ひ、諸大名御旗本武家百姓町人共に至迄辛き息を吹かけ、あるとあらゆる苦しみをさせ、其上印旛《いんば》沼をほり荒さミ、諸人の難渋愁を見てハ悦び笑ひ、少しにても此獣にからかふものハ唯一口に呑れ、食物足らぬとて、町人賤敷《あさましき》者の金銀の金物簪《かんざし》を取上げ、今なをあきたらず三ヶの津幷十里四方の地を不残引上げ、米穀を食はんとす。後〻にハ大日本国中をも己が存分にせんとの心組ゆへ、不一ト通極悪獣なり。からだハ永楽銭の形を出し、爪長く口は耳迄さけ、鼻高くして頭にハ三角の角をたて、恐敷ありさま、古今珍敷かたち也。是を名づけて海角と云、誰でもおそれぬものハなし。此獣いよ〳〵勢ひ増長すれバ、往来の人も絶〻にならんとせし所を、国の大将近江鎗を以て只一と突に仕留けれバ、我も〳〵と踊り悦び、したりや〳〵と皆一同によろこび笑ふ声、天地にひゞき渡る。夫《それ》よりして、市中の金銀かんざし迄融通し、十里四方の上ヶ地印旛沼のなんじうもすら〳〵と消失。さしもの悪獣なれ共、神祖国の有がたさハ段々日々にちいさくなり、頭の角も打折れて、今は其行衛《ゆくえ》もしれずなり、其獣の子ちいさき金獣も、追々に奥州棚倉《たなくら》へ捨られしもふ。誠に近世弥敷悪獣退くゆへ、もふ是からハ武運長久国家安全市中繁昌疑ひなしと、諸国津〻浦〻迄千代万歳を謡《うた》ハぬ者ハなかりけり。御評判〳〵。（図30）

冒頭の「肥前国唐津の海中より顕れ出て、遠州浜松に流着……先西城下に居所を構」とあるのは、水野忠邦は文化九年（一八一二）八月、九歳のとき唐津藩主であった父忠光のあとをついだこと、しかし幕府の要職につくには唐津藩主の地位では不適当であったため、早くより転封《てんぽう》・昇進運動をおこし、文化十四年九月浜松へ転封することに成功したことを

図30　海角と云悪獣

（矢島隆一編『江戸時代落書類聚』巻20，国立国会図書館所蔵）

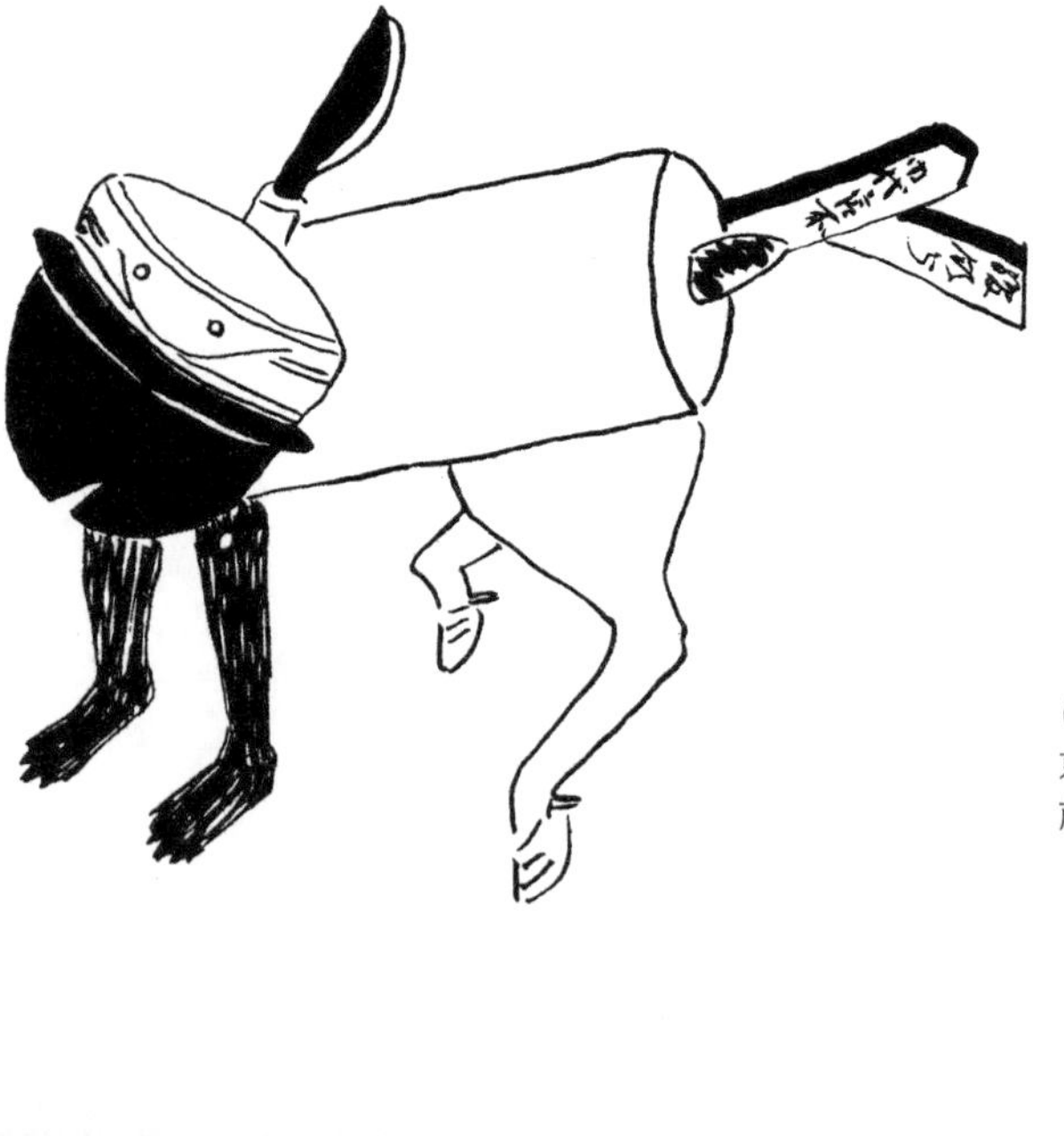

図31　珍　　獣

（『天保記事』3，東京大学史料編纂所所蔵）

さす。ついで文政十一年（一八二八）一月西丸老中に昇進し西丸下の役宅に移り、天保五年（一八三四）三月本丸老中に転じたのである。

図31は『天保記事』三（東京大学史料編纂所蔵）にあり、それによると、つぎのように説明している。（　）内は原注をもとに、わかりやすく書きなおしたものである。

珍獣の見せ物

頭は釜のことし（勝手道具の第一であるが、水加減が少々不行届で、飯ははなはだ強《こ》わい）
眼は至てちいさく、下を見る事細に□《（ママ）》よし（遠目はきかぬ様子である）
角庖丁の如し（あまり切れすぎる様子である）
足馬の如し、人を蹴倒《けりたおす》事妙也
手猿の如し、上は山神よくかきのめし、下には善ゝ迄かき廻し、又ものをよくつかみ取よし
腹は大蠟燭《ろうそく》の如し、
尻尾は棒杭の如し、尤此《もつともこの》しり尾は近頃はへ候よし
右之獣、紀州の深山に住候へとも、災ひも無之故被差置候処《これなきゆえさしおかれそうろうところ》、此節右之通り尾出し
振廻し、田畑を荒し候付、猟師に被仰付《おおせつけられ》狩留之由也、

珍獣の頭・眼・角・手足などを釜や庖丁などにあて、それぞれその理由を付している。珍獣はその文面より水野忠邦を諷したものであることはいうまでもない。

水野忠邦は、また右とは別の珍獣としてつぎのように描かれている。（図32）

見せもの

アレ御老中被遊（ママ）まし人面獣心の中に、水獣と申けだもの二而、七拾五里先キ大灘《なん》のほとりゟ出まして、おもてむきハ美敷《うつくしく》、頭ニ如斯の角《つの》ヲいたゞき、はらに、よくばり針と申針ヲ持、上《かみ》ヲ掠《かすめ》諸人を悩まし、爰《ここ》ヲとり上ケあすこをこわしましたハ、此けたもののしはざ、佞《ねい》かんばんニいつはりなし、成程是ハにくいやつじや、おそろしい物じやと御とくしんが参りましたら、代物ハ六文で御代万歳〳〵。

遠江国沖七十五里の大灘《なん》ゟ取上ケました人面獣心、水獣と申ケタモノニテ、四五年以前ゟ上下万民ニ至ルマデ、取ツテハ喰イ取テハ喰イカイ事、喰殺しました、其天バツ今シレマシテ、半知半生カト存シマス、重ク参レハ塩漬、軽ク参レハ遠嶋がものハ御座リマス、マダ跡ニイカイ事、同獣ワ所〻ニ残リ居ルト、追〻ハク丈いたします、誠に不届成共、ミセシメノ為、日本橋江さらしたらヨカロウト、国中ノ万民申しマス。

（「浜の松風」『麗斎叢書』三、国立国会図書館蔵）

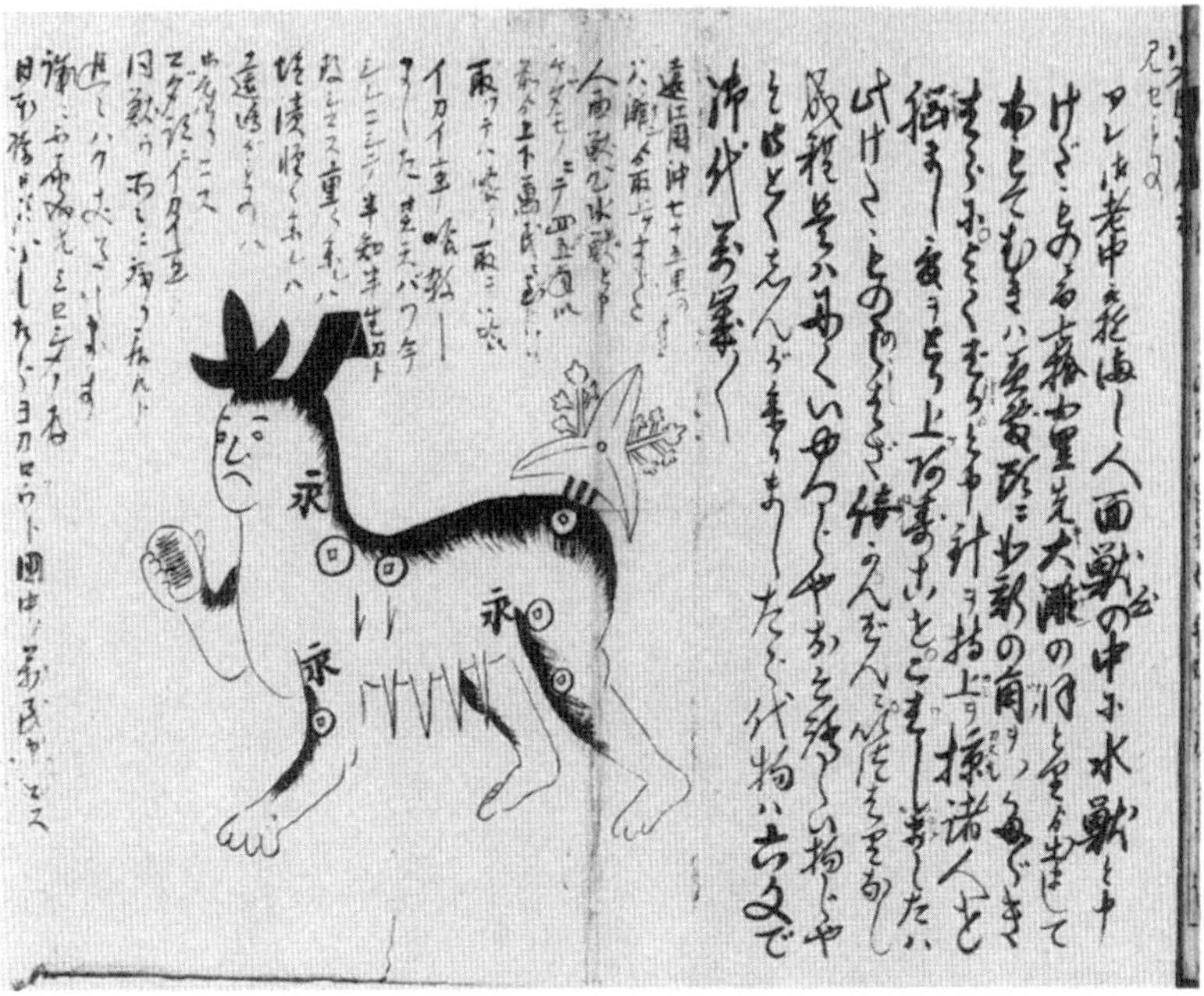

図32　水　　　　　獣-(2)

(「浜の松風」『麗斎叢書』 3，国立国会図書館所蔵)

右にみた風刺画の詞書《ことばがき》の多くは事実無根か、あるいは事実の歪曲・誇張であるが、改革の最高責任者への痛烈な弾劾文であるといえる。さきの田沼意次が失脚のおり、まるで幕府から意次へ申し渡されたかのように装った二六ヵ条の罪状を数えあげた宣告文がつくられたことがある。それにならって忠邦への一二ヵ条の詰問書が巷間に流布した。またこれとは別に、水野忠邦が免職と同時に将軍から与えられた金の麾《さい》などの五品を、将軍の眼前で取り上げられたという作り話もある。これらはいずれも権力者弾劾文の役割を果たしたものといえよう。

江戸庶民の反応はより行動的であった。水野の罷免を聞くと数千人が西丸下の役宅に押しよせ、ときの声をあげてさかんに小石を邸内に投げこんだ。田沼意次罷免のおりにも見られた現象であるが、その激しさははるかに上まわっていたという。町奉行（鳥居）が出馬し午後十二時ごろやっと鎮定するほどであった。

弘化・嘉永期の風刺画

弘化年間の風刺画

天道・人道・地獄

水野忠邦《ただくに》が老中罷免をみた翌弘化元年（一八四四）正月には、歌川貞重《さだしげ》の天・地・人の三つをわけ描いた「天道と人道・地獄」や、「岩戸神楽《いわとかぐら》」「化物忠臣蔵《ばけものちゅうしんぐら》」などがあいついで板行をみた。これらはいずれも歌川国芳《くによし》の妖怪図にならい、時勢に乗じて流行を狙ったものであった。

「天道と人道・地獄」（「天上人間地獄之絵」『事々録』『市中取締類集』）とあるのは、弘化元年刊の貞重画「教訓三界図絵」のことである。この「はんじもの」の錦絵は刊行後ただちに販売禁止となり、絶板になったという。この錦絵は珍品として江戸の蘭医から大坂の医者で『浮世の有様』の著者のもとに贈られた。そこではつぎのように判じられている。

天上の三疋《びき》の鬼は大きな火打鉄と大石を打ちあわせて稲妻を発している。それは改革の厳令は稲妻のように始めの勢いは烈しかったが、後には稲妻のように消えて形もなくなると地上の人々は平気になる。それを花見の姿に描いたものであろう。それも改革の御趣意を守っているように見せようとし、男ばかりで女性は六部の一人だけであることや、「教訓」の文字があることなどは、人々油断すべからずというのであろう。また雷の秘蔵の太鼓を落として後悔しているのは水野忠邦の失敗（失政）のためである。中流以上の花見できる人はよいが、その日暮しのものは物価騰貴のため飢えに苦しむ様子を地蔵にたとえて描いたものであるなどと判じているのである。

同じころ楠木正成《くすのきまさしげ》をはじめ宮本武蔵などの勇士が地獄で閻魔《えんま》や鬼を征伐している絵がある。また源頼光《よりみつ》が四天王をはじめ源為朝《ためとも》・畠山重忠《しげただ》・和田義盛《よしもり》・北条時宗《ときむね》・巴《ともえ》御前そのほか勇夫・勇女・遊女たちが地獄に行って閻魔十王悪鬼などの舌を抜き、殺害している様子を六枚続きに描いた錦絵も刊行されている。これらは水野忠邦を閻魔にたとえたもので、いかに忠邦が人々から憎まれていたかを示すものであろう。そのほか海底で平氏一門が安徳帝を守護し、蜑人《たんじん》（中国南海に居住する種族）が両手をついて返答している絵がある。それは水野のため政道が乱れているのに乗じ、平家がその虚を突いて事をはかろうとするのを描いたものであるという。つまりこのままでは大乱が生じるであろうから、政治を乱す忠邦が早く処罰されることを祈るものであろうとみるのである。

岩戸神楽

「岩戸神楽」の図というのは、天保十四年（一八四三）閏九月に水野忠邦が老中を退いたあと、翌弘化元年六月、老中に再任されたおりに出た錦絵である。水野の再任には老中の阿部正弘《まさひろ》は反対であり、水野再任が強行されるとしばらくの間、家居して出仕しなかったという。この時事を風刺した三枚続きの錦絵が「岩戸神楽」であって、その図柄は天照大神が天の岩戸に隠れたため世は闇となる。諸神が集まっ

図33　教訓三界図絵

（東京都立中央図書館東京誌料所蔵）

て岩の前で神楽を奏し大神を誘い出す様子を描いたものである。ところがその神々を幕閣に擬したものであって、この絵は世に大いに流行したという（渡辺修二『阿部正弘事跡』東京大学出版会、一九七八年）。阿部正弘は伊勢守であったから、伊勢にまつる天照大神とかけたのである。

このように国芳の妖怪図が大流行した後は、何か事件や人々の話題にのぼるような事があるたびに、なんとも意味不明の怪しげなものを描いた錦絵が流行し、人々は思い思いに推測をたくましくし「牽強附会シテコレヲ翫《もてあそ》フ」風潮が生じたのである。

改革を推進する中心人物であった水野忠邦が老中を罷免されると、実におびただしい落首・落書の類が巷に氾濫した。水野の風刺画の多くはその一環として把握されるべきものであるが、他面浮世絵出版を生業とする側からの考察もまた必要であろう。

改革のため、天保十三年（一八四二）六月以降、歌舞伎役者・遊女・芸者などを一枚摺《ず》りにすることは風俗にかかわるとして開板はもちろん、一切の売買を禁止されたため、子供踊絵《おどりえ》の板行をみたが、それも芝居狂言にかかわるとして禁止をみたものがあった。そのため板元らは工夫をこらし「趣意」がわかりかねる絵を出版しはじめた。弘化二年（一八四五）二月、町奉行より老中宛の上申書によると、絵草紙の板元は国芳の頼光四天王の絵（「源《みなもとの》頼光公館《らいこうこうやかた》土蜘作妖怪図《つちぐもようかいをなすのず》」）や天上人間地獄の絵そのほか意味がはっきりしない絵を出版し、人々に自由に判断させるようにする。奇を好むのは人情であるから、新しい絵が出るたびに人々は購い求めて何かと雑説するようになる。そのため絶板させると発禁の絵に人気が出て、わずか三枚続きの絵が二朱（一両の八分の一）、あるいは一分（一両の四分の一）となって素人《しろうと》の間で売買されるほどになる。しかもそれらの絵の内容は政治への風刺、役人への揶揄《やゆ》であった（『市中取締類集』）。

団扇のはんじもの

弘化元年（一八四四）六月、一度老中職を解かれた水野越前守忠邦は再勤となった。このおり、『浮世の有様』には、忠邦が再勤を命じられたその日に、江戸で「はんじ物」の団扇《うちわ》がただちに売り出されたとある。その記述の大要は、ある人が江戸土産にと求めたものを見ると、上袋に牡丹《ぼたん》と朝顔が描いてある（図34）。それは牡丹は富貴をあらわす花であるが、朝顔の一日で凋《しぼ》むように、牡丹も凋み果たすという意味であるという。つまり水野の再勤は思いもよらぬことであって、貴賤上下ともども大いにあきれはて、胆をつぶさない者は一人もいない。再勤された忠邦は牡丹の花のように富貴のように見えるけれども、一日で凋む朝顔のように忠邦の栄華は長く保つことはできず、たちまち萎《な》え凋み果てるであろうということである。

つぎに駕籠《かご》の屋根かと思われるような異様な物に、手足のない人物が乗っている図（図35）は、手も足もなく身を納める所がなくて、このようになった様子を示すものである。それは上《かみ》にあるものが股肱《ここう》の臣なしというたとえである。日本全国は天子一人で治めることはできず、諸司百官を定め、それぞれの任に勤めさせる。それを傘にたとえれば、将軍は轆轤《ろくろ》柄のようなものである。しかるに柄のない傘が描かれてあるのは、将軍がその職を失ったものであることを意味し、将軍家のことをそしり誹謗するものである。

綱で釣り上げた駕籠をかついで走るのは（図36）、つないである馬に鞭を入れるようなものである。奸臣《かんしん》が権を恣《ほしいまま》にして、諸臣下を自由自在に使役しようとしても、人々には善悪の分別があるから、自由自在に使役することはできない。奸臣の綱（権力）で諸臣をつなぎ苦しめるよりは、奸綱を切りはなしてその駕籠自体に用をさせる方がよいということであろうか。ああ世の中の有様は恐るべし恐るべし。これは先年、歌川国芳が頼光の土蜘蛛に悩まされる図（「源頼光公館土蜘作妖怪図」）を描いたものと同様の内意である。人々は心してこれをみれば、その意味は明らかに判別できることである。

また駕籠かきの両人は、ともに全身に入墨をしている。竜が水をまき上げている様子であり、灯籠に馬と岩という二文字が書かれているのは、今度の水野再勤を「うまひは《（馬・岩）》〱」と、時節を得たと心中よろこんでいる様子を描写したものであろう。けれども諸人の憎む執着心の大綱で駕籠の行くのを引きとめるであろうから、どのように忠邦が心身を労し汗水を流して駕籠かきのように走り働いても、終《つい》にはその甲斐もなく自業自滅になるということであろう。また諸人の憎む水野が一つの縄で引きあげられ、「うまひは〱」ということであろうか。さらに今度の水野の再勤はめでたいようでさにあらず、程なく自滅にいたるであろう。「うまひは〱」ということは、いずれにしても遠からずしてこの判じものの意味が自ずから判明するようになることと思われる。

右のように記した『浮世の有様』の本文の頭注には、つぎのようなことが記されている。つまり「傘は将軍で轆轤《ろくろ》は執柄《（ママ）》家にたとえたものであって、老中に人物はいない。水野のようなものが再勤することさえ怪しいことであるのに失政を功績とし、老中上席を命ぜられたのは人物のいないことが明白であり、将軍の御威光もこの傘のように自ずからすぼまるということのように思われる。どのようなことであるかわからないが、将軍が水野一人を甚しく御寵愛することにより、種々様々の誹謗があるのは免れえないことである。恐れ

図34　牡丹と朝顔

（『浮世の有様』国立国会図書館所蔵）

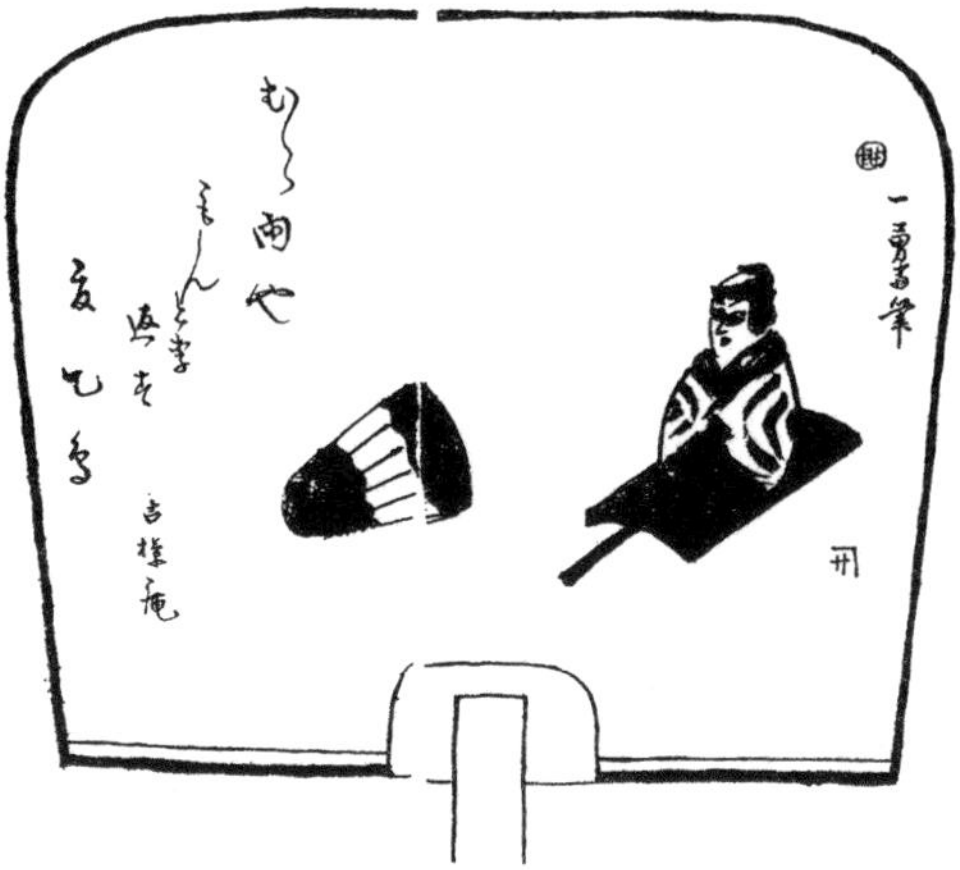

図35　駕籠の屋根に人物

（『浮世の有様』国立国会図書館所蔵）

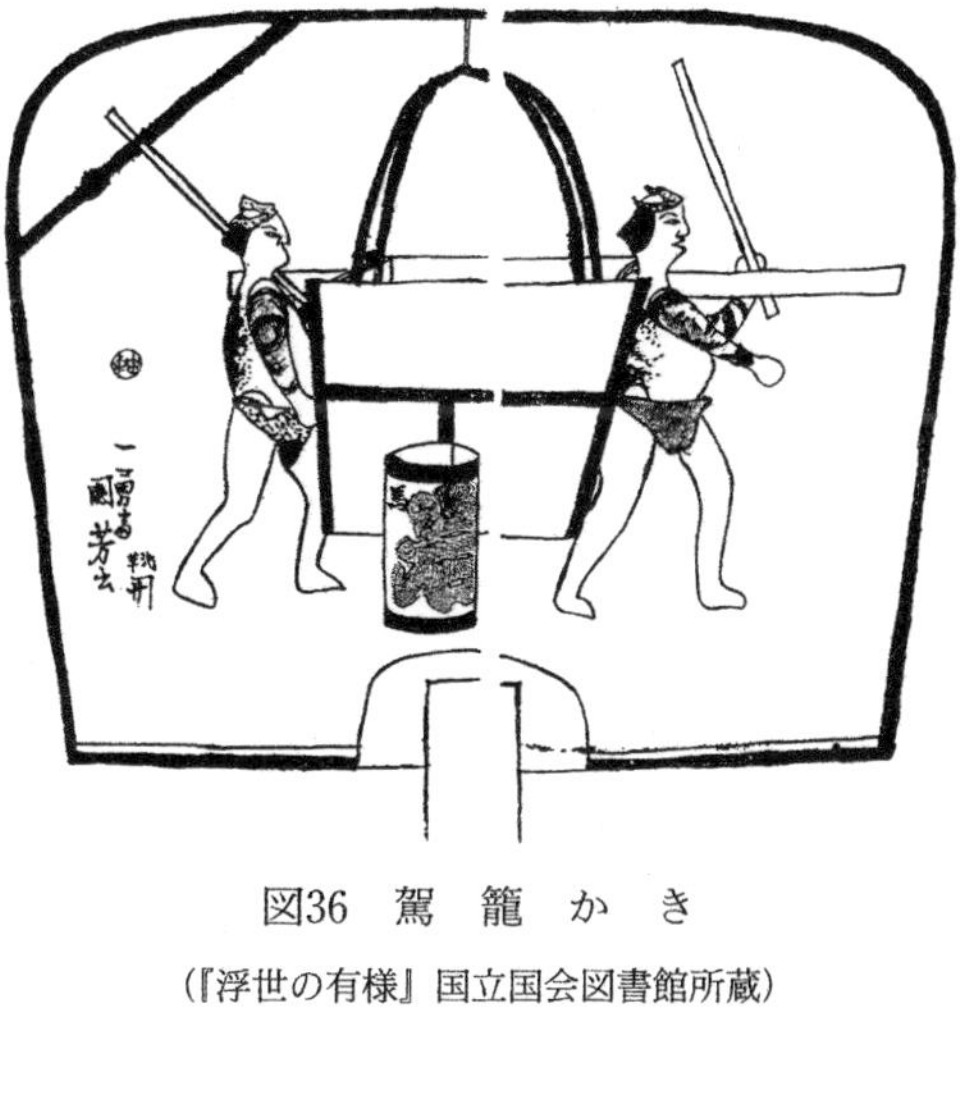

図36　駕　籠　か　き

（『浮世の有様』国立国会図書館所蔵）

入るべきことである」と。

右は水野再勤のおり、江戸土産の「判じもの」の団扇についての大坂での解釈である。江戸の評判は残念ながら詳らかでないが、これを描いた画工が国芳であることは、その署名より明白である。

落人と珍獣　(図37は)「前代未聞阿房鏡《ぜんだいみもんあほうのかがみ》」名残狂言独《なごりきょうげんひとり》道行と題して、左上には大きく水野忠邦の家紋である沢瀉《おもだか》を描いている。しかも深網笠をかぶり顔をかくした人物の右肩には、念を入れて「浜松水之助、相勤申候」と記している。そこには、

空を飛鳥さへ落し勢ひも、今ハさがつて元《もと》席の、鴈《がん》の間《ま》にこそ落にけり

水の助出

〽きのふまで住にし宿をふり捨て、跡を水野へ行先ハ、時ならざる桜田や、此世も秋の末ながら、霞が関の下通り、悪事千里の虎の門、おは打からす榎坂。顔の色さへあふゐ坂、取払はせし茶屋の跡。見て溜池をつきながら急ぐがちが赤坂や、田町にこざる法印や山伏をさへ追出せしその天罰が廻り来て。あたりまいなる伝馬町、さんふん坂をのほれども、倶にだん〳〵下り坂おもひ宮さま御門前、向ふから来る辻太ろハ、うんの築地や夫《それ》三田か、所々にやさしきを持ながら、山越へ山に青山へ、

図37　落　　　人

(『珍奇録』1，東京大学史料編纂所所蔵)

なく〳〵こそハ、つきにけり（『珍奇録』一、東京大学史料編纂所蔵）

とある。右は仮名手本《かなでほん》忠臣蔵三段目の裏「道行旅路《みちゆきたびじ》の花聟《はなむこ》」を下敷にしたものである。その大要は、塩谷《しおや》の腰元おかると近習《きんじゅう》の早野勘平《かんぺい》が、鎌倉からおかるの在所である京の山崎へ落ちて行く。それを横恋慕していた高野師直《こうのもろなお》の家臣の鷺坂伴内《さぎさかばんない》が後を追って、勘平に打すえられて逃げるというものである。

「道行旅路の花聟」は、俗に「落人《おちうど》」と称して知られている。故に右の戯文は忠邦の失脚を「落人」とかけたものであり、図の人物は忠邦を風刺したものであることは明らかである。弘化二年九月より上演とあるのは、この月のはじめ、忠邦は堀とともに封地を削られ、蟄居《ちっきょ》を命じられたことを意味する。新見伊賀太夫《しんみいがたゆう》とあるのは、忠邦と親しかった御側御用取次の新見伊賀守正路《まさみち》のことで、忠邦の失脚後、職を免ぜられた。新見の下段に記されてある羽倉外記《はくらげき》は、上知《あげち》令の建議者といわれている。名は用九、簡堂と号し、学者・文人として知られている人物で、天保十四年閏九月二十三日、勘定吟味の職を追われた。

「関の扉」と「暫」のもじり

歌舞伎の「積恋雪関扉《つもるこいゆきのせきのと》(関の扉)」の逢坂山新関の場をもじり、「詰《つまる》世欲関扉《よのよくのせきのと》」としたつぎのような戯文（『藤岡屋日記』第二）がある。宗貞を浜松水之助（水野忠邦）、関兵衛を鳥居耀蔵《とりいようぞう》、小町を後藤三右衛門

(金座御改役で貨幣改鋳の蔭の演出者、死罪となる)、「ふり附渋川六蔵」とあるのは、天文方見習兼書物奉行渋川六蔵のことである。鳥居・渋川・後藤の三人は「水野の三羽烏」といわれ、忠邦の側近的地位をしめていた。弘化二年(一八四五)九月、渋川六蔵は豊後臼杵《うすき》藩主稲葉富太郎観通《あきみち》に預けられた(御預け中、三五歳で病死する)。金座御改役であった後藤三右衛門は死罪に処せられた。

後藤が死罪となった理由は「政事誹謗」のためとある。三右衛門は上書などで忌憚なく幕政の欠陥を指摘したことが禍因の一つとなったようであるが、極刑を宣告されたのは、彼の身分が町人であったからである(北島正元『水野忠邦』吉川弘文館、一九六九年)。

同ワキ大和太夫　同《シンミ》　伊賀太夫
イノウエ　備前太夫　三味線　岸沢壱岐佐
当琶津(ママ)小文字太夫　タカシ　四郎太夫　上てうし　同　人吉
小鼓　金田小三郎
同ワキ鴨斐太夫　ふへ　小菅幸三郎

詰世欲関扉《つまるよのよくのせきのと》　ふり附渋川六蔵

図38　詰世欲関扉

(『藤岡屋日記』2，東京都立公文書館所蔵)

図39　安倍泰成調伏妖怪図

（国立国会図書館所蔵）

後藤三右衛門
浜松水之助
鳥居耀蔵

棚倉座
詰る《つまる》世欲関扉《よのよくのせきのと》
当琶巴津小文字太夫直伝
篠田藤四郎著述

〽かゝる世がらに世の人さへもきびしき触ことを。聞に付ケてもこの上に。おごりちらさバ手がねのとがめ。花の大江戸も。ひどくなり。鳥居の脇差とりあげに。さる人ハ。はらきらず〽すぐにゐんきよしやうとハ。をかみをけがす捨詞〽今ハそれにハ引かへて。三田の屋敷へ。その儘《まま》に姿をかくす。みのうへや。すへをしらずに。うか〳〵と。欲のみ。ふかくある身こそ〽宗たゞ心を。せまく思ひ〽よくばれバいくらも。とれる金も地もよくに。しられぬ罪ぞおもけれ。何と世間に。よい工風も。ないかな〽成程。佐様ござります。此節をさいわい一ツふれたら。よふござりませふト咄しの上で詞〽御町触申シちと御用心なされませ〽あれ何やら安心をせぬぞや〽何おふれとハ。何事じやと。世間めかすを。たつて見てア、着たのはちりめんじやな。此きびしいに。木綿をも着ず。只ふとり此世界へ。なぜきたのじや〽アイわたしや三ツ井から。

さんとめの。もの。どうぞゆるして下ダさんせ〽なる程ゆるせなら。ゆるしてもやろうが。きがひが有か。其様な物ハござんせぬハいなア〽手あてが。なくバ。ゆるすことハ。ならん〳〵〽コレ其様に言ず共了簡して。ゆるして。やりやいのふ。そふおつしやれバ。ゆるしても。やりませふが。これ町中そんなら。おれが尋る事が有が。それを一〻。こたへるか〽成ルほど名主が覚て。ゐる事なら。何なりと。こたへませふハいな〽先第一がつてんがいかぬ〽そりやマア何がへ〽サア其訳ハ。一たいそさまの風俗ハ。はでにも増る。なり形《かたち》かしらに。べつこうたかうして下駄にあるまい。〽おはなをへ。おさん様がた。お女中さんのうら店までも。見なしだら。只ハおかれぬやつなれど。そこを其儘すておくハ〽享保年中ふれ出してまだ。だしもせぬゆへにわるじやれゆふたり大ぶん。じごくも。あるよふだ。どういふものだ気を。つけろ〽いやとよ我ハ。かみのふれ。はやふれ出して。うら店のすへの。子までも。たらちねの。おじひを願ふ身の大事。かせぐのみにてさぶらふぞや〽フウ詞ハ。しゆしやうに。聞ゆれど。町人別に入ながらなぜ。おふれをバ。そむくのじや〽姿ハ。だてにつくれバとて。心で。おそれて。ゐるハいなシテ〽にせがねとハ。ごとうなり〽鳥居が悪も〽ねいじんの武士〽又おもだかゞ。ふちも。もつしゆのつミ。〽罪も。むくゐも。国がへも棚倉へ身を百とせの。ながく。いるまで。ひどいめは。むごい事でハ。ないかいな〳〵お身にかゝるも。始メよく。ゐまい。こうなり。いとしやとせけん。とも〴〵おしなべて。こそり〳〵と咄しけり。（『藤岡屋日記』第二、五八〇ページ）

三年春のはんじもの

弘化元年（一八四四）六月老中に再任された水野忠邦は翌二年二月、ふたたび罷免され、同年四月には老中格堀親寚《ちかしげ》も病免となる。そして同年九月忠邦・親寚は追罰を受けた。また前年の九月に町奉行を免ぜられた鳥居耀蔵は同三年讃岐国丸亀へ預けとなり、御金改役後藤三右衛門は死罪となる。渋川敬直《ひろなお》も臼《うす》杵《き》藩へ預けとなった。

右のように忠邦・耀蔵らが追罰されると、同三年春には右の事件を扱った風刺画の板行をみた。当時の表現では「判じ物」の錦絵の出版である。それは玉藻前《たまものまえ》の伝説を描いた三代歌川豊国《とよくに》画「安倍泰成調伏妖怪図《あべやすなりちょうぶくようかいず》」（三枚続き、図39）である。

玉藻前の伝説は殺生石《せっしょうせき》伝説ともいう。この伝説は文安三年（一四四六）の『下学集《かがくしゅう》』犬追物《いぬおうもの》の話、その他によると、天地開闢《かいびゃく》の時、不正の陰気が凝って白面金毛九尾の悪狐となった。悪狐は中国殷《いん》の紂《ちゅう》王の愛姫妲己《だっき》、天竺斑足王の紀華陽夫人、再び中国周の幽王の妃褒姒《ほうじ》とつぎつぎに変身して国王を惑溺《わくでき》させ、国を危機に陥れる。しかしいずれも忠臣良士たちの働きで見顕される。ついで日本の鳥羽院の時、宮廷に召されて玉藻前と称した。院の寵愛をえて悪業をなそうとした時、陰陽博士安倍泰親《やすちか》に見破られ、下野《しもつけ》国那須野《なすの》に逃亡する。そこで三浦介義純《よしずみ》、上総介広常《ひろつね》の両将に射止められたが、悪念は殺生石と化して近寄る人畜に害を与えた。しかしついに玄翁《げんのう》和尚の法力により成仏したという。

この伝説は御伽《おとぎ》草子、仮名草子、謡曲などの題材となって普及していった。江戸時代には読本『絵本三国妖婦伝』（高井南山作、北馬画、文化二年）、『画本玉藻譚』（石田玉山作画、文化二年）の二著によって、さらに庶民の間に普及した。歌川国芳は『小倉擬百人一首』のなかで「玉藻前」を描いているが、『三国妖狐図会《さんごくようこずえ》』などでこの物語の多くの場面を描いた作品がある。

豊国画「安倍泰成調伏妖怪図」の判読は、玉藻前は前老中水野越前守忠邦、安倍泰成は老中阿倍伊勢守正弘《まさひろ》、三浦介義純は老中牧野備前守忠雅《ただまさ》であるという。牧野忠雅は阿部正弘の老中就任に尽力した人物といわれている。言い換えると水野忠邦の罷免に働いたわけである。この二人の力によって国を危くした九尾の悪狐である水野忠邦はその正体を見破られ、追放されたというのである。

鏡の光明によって背後にいた多数の狐たちが明らかにされる。なかでも鳥居玉垣をさしあげている狐は、もと南町奉行の鳥居甲斐守耀蔵（酷吏で妖蔵と恐れ嫌われていた）であり、分銅はもと御金改役の後藤三右衛門である。そのほか多数の狐は、いずれも忠邦・耀蔵の一味、子分であるというのである。玉藻前（水野忠邦）の着物に水やすすきの模様があるのは、水野は野原になるというしるしであるという。

三代豊国いわゆる初代国貞《くにさだ》は、これより以前式亭三馬《しきていさんば》作『玉藻前竜宮物語』（文化五年）や、市川三升《さんしょう》作（五柳亭徳升代作）『三国白狐伝』（文政七年）で玉藻前の物語の挿絵を描いている。しかしそこでは正体を見破られ、御殿から外へ廂《ひさし》のあたりに飛び去っていく姿は描いているが、このような芝居もどきの図は描いていない。まして背景に浮び出された多数の狐の構図は、今までにない新しい着想であり斬新なものである。この絵は大坂にも送られ、江戸ではことのほか大売れに売れたため、板木は没収となったので、もはや一枚も残っていないという（『浮世の有様』）。

この図によって人々が水野忠邦や鳥居耀蔵ら忠邦の一派、および「天保の改革」そのものを、どのようにみなしていたかをうかがわせるものといえよう。

嘉永年間の風刺画と新傾向

流行神のはんじもの

嘉永元年（一八四八）二月二十二日の夜、西丸下の前老中篠山城主青山下野守忠良の屋敷より出火し、松平玄蕃頭忠篤の屋敷が類焼した。両者のあいだで火元の争いが生じ、青山忠良はなかなか譲らず、久しいあいだ病と称して出仕しなかったことがある。そのおり杭につながれた獣に欲という名を付けた錦絵（「欲といふ獣と名つけ杭につなぐ」）が刊行された。その獣は青山忠良をかたどったものであるといわれ、多数売れたということである（『事々録』）。

嘉永二年ころの江戸では流行神《はやりがみ》として、四谷新宿正受院《しようじゆいん》安置の脱衣婆《だつえば》、日本橋四日市の翁稲荷大明神、それに両国のお竹大日如来が人々の信仰を集め賑《にぎ》わっていた。これよりさきの弘化四年（一八四七）の正月、三芝居の一つの河原崎座で春の狂言に歌右衛門、幸四郎、九蔵の三人が舞台で虫拳《むしけん》、狐拳《きつねけん》、虎拳《とらけん》の所作をしたのがうけて町々で流行した。特に酒席でもてはやされ、多くの替歌がつくられ、また一枚絵も出て大いに流行した。

四月ごろ三人の流行神が拳をしているのが酒井屋平助の板元（名主村田佐兵衛・米良太一郎の改印）で刊行された。続いて同じ板元より芳虎《よしとら》画で、翁稲荷・新宿老婆・お竹の三人拳の絵の刊行をみた。その図柄は前に板行したものと類似しており（名主改印も前記二人）、何も問題はないようであったが、実は「はんじもの」であった。翁稲荷と三途川《さんずのかわ》の老婆は別に変わらないが、お竹は根結の下ガ髪でうちかけ姿に描いてある（図40）。それをみて町では当時大奥のききもので勢力を振っていた御本丸御年寄の姉小路であるという評判がたってから、たちまち江戸中で大評判となった。

そのころ江戸で流行していた言葉に「ぢゝい、ばゝア、姉さん」というのがあった。「ぢゝい」とは土屋・久須美・鈴木らの八十余歳の役人をさし、「ばゝア」とは流行神の四谷の脱衣婆である。最後の「姉さん」とは、政治に口を出す御寵姉の姉小路をいったのであった。

芳虎の絵があまりにも大評判となったため、町奉行所より手入れがある前に絵草紙掛名

図40　流行御利生けん

（歌川芳虎，新宿歴史博物館所蔵）

主は右の板を削除させた。そして絵草紙掛名主たちは会合を開き、神仏を扱った絵は月一回の大寄合のときに相談してきめることにし、それ以外は許可しないことと申しあわせをした。時の川柳に「お竹のうちかけ姿を見て」、

かいどりを着たで姉御《あねご》とうやまわれ

とある。

神仏力くらべ

翌閏四月十三日に、画工や板元の名前もない無届の錦絵が刊行された。姉小路を描いたさきの芳虎の絵が問題化したので、とうてい許可がおりないとみての無断出版である。『藤岡屋日記』によると、板元は品川屋久次郎であるという。その図柄はさきの翁稲荷と新宿老婆の相撲取組で、翁ヶ嶽に三途川の名前で土俵上にあり、行司は灸の平内、年寄は仁王・雷神・風神である。四本柱の左右に並ぶ相撲取はすべて当時流行の神仏を描いたものであった。これは当嘉永二年（一八四九）は伊勢大神宮の遷宮の年にあたるので、江戸中の神仏が金竜山境内に集り、伊勢奉納の勧進《かんじん》相撲を始めたという趣向である。当時流行の神仏は成田山・金比羅・柳島妙見・大黒・愛宕《あたご》・羅漢《らかん》・閻魔《えんま》・水天宮・笠森・堀ノ内・春日・天王・神明などである。相撲の力士は成田山、大勇、象頭山、遠近山、築地川、割竹、関ヶ原、筆の海、有馬山、三ッ柏、堀之内、猪玉山、柏

手、初馬、綿の山、連注縄、翁ヶ嶽、剣ノ山、経ヶ嶽、於竹山、錦絵、御神木、三途川、死出山である。この絵は一枚摺《ず》りで袋に入れ、袋には手遊びの狐やかいとり姿の姉さまなどを描き、軍配に「神仏力くらべ」と表題があり、ほかに特別の趣向はなかった。しかし相撲取組のなかに遠近山と三ッ柏とあった。それは南北両町奉行（遠山左衛門尉景元《かげもと》と牧野駿河守成綱）であり、割竹に猪玉山は去る三月に行われた小金原の鹿狩りのことであろうなどとの噂がたち、ほかに疑わしいものもないのに「はんじもの」として人々を惑わせ、いろいろと判断させたからこの絵は大評判となって大いに売れた。そのためまもなく絵草紙屋の店先に、この絵を吊すことを止《と》められたのである。

武者御代の若餅

同じ閏四月八日、芳虎画「道外武者御代の若餅《どうげむしゃみよのわかもち》」と題した一枚絵が、板元檜物町茂兵衛店沢屋幸吉より刊行をみた。それには、

君が代とつきかためたる春のもち
　大将の武者四人にて餅搗《もちつき》之図

という発句がそえてあった。これも「はんじもの」で、改印《あらためいん》をした掛名主の村田佐兵衛、同米良太一郎の二人はまったく気づかなかった。しかし餅搗きの武者は瓜《うり》の花の紋所《もんどころ》があるから信長。餅をこねる武者は桔梗《ききょう》の紋をちらしてあるから光秀《みつひで》。餅をのしている武者

はくくり猿の付いた錦の陣羽織を着て、顔は猿であるから秀吉。緋縅《ひおどし》の鎧《よろい》を着て竜頭の兜《かぶと》をかぶって餅を喰べている大将は神君（家康）であると大評判になった（図41）。そのためわずか半日でただちに板木は削られ、絵は回収された。

翌嘉永三年（一八五〇）四月二十四日、貞秀《さだひで》画「大内合戦之図」が馬喰《ばくろ》町二丁目山口屋藤兵衛より板行をみた。大内義弘《よしひろ》の家臣陶《すえ》尾張守が謀反し夜中城に火をかけた図である。しかしそれがいかにも江戸城本丸が燃えているようであると、市中の評判が高くよく売れたため、町奉行所の町廻りの令達によって五月三日掛名主村田佐兵衛は板元を呼び、板木を没収した。そのとき、

能く売れて来たのに風が替つたか　つるし絵まで片付る仕義

といった落首がでた。これより先、嘉永元年（一八四八）九月、小金原での鹿狩りをあてこんだ山口屋藤兵衛板元の貞秀画「右大将《うだいしょう》頼朝《よりとも》卿《きょう》富士《ふじ》の裾野《すその》巻狩《まきがり》之《の》図《ず》」（名主村田佐兵衛改印、三枚続き、図42）が大当りとなり、合計八〇〇〇枚通り、都合二万四〇〇〇枚摺り込んだほどの売れゆきであった。あまりにも大評判であったため、町奉行所からは特に指示はなかったが、改印をした掛名主の村田佐兵衛の配慮により十一月十日にその板木を削らせた。そのおり、つぎのような川柳がでた。

図41　道外武者御代の若餅

（歌川芳虎，東京大学社会情報研究所所蔵）

あらためがむらたと人がわるくいい

このように風刺画でなくても評判が高く人々の話題となる錦絵は、町奉行所から指示がなくても掛名主または自発的に板元が絵を回収したり、板木を削られたりしたのである。

難病療治

嘉永三年六月十一日の配りで国芳画の「きたいなめい医難病療治《りようじ》」が、通《とおり》三丁目遠州屋彦兵衛より板行となる（図43）。やぶくすし竹斎《ちくさい》の娘で、名医こがらしという美人を真中に、足の悪い美女、御殿女中の大尻、一寸法師、あばた顔、疳癪《かんしやく》もち、近眼、鼻なし、ろくろ首、歯痛などの難病者を年頃の惣髪の四人の弟子が治

図42　右大将頼朝卿富士の裾野巻狩之図

（玉蘭斎貞秀，東京都立中央図書館東京誌料所蔵）

療している三枚続きの風刺画である。

たとえば出っ尻の女には夕ガをはめ、あばたには湯気を当ててむしなおし、一寸法師には高足駄をはかせる。ろくろ首の女には髪油のなかに鉄粉を入れて髪を結わせ、尻の方へ磁石をつけて首の伸びないようにする。歯の痛むものは上下とも残らず歯を抜くこと。疳癪もちは瀬戸物などを買っておいて、腹の立つときにこわせばよいなどという滑稽なものである。

ところが七月に入って、女中の大尻は大奥の女中で「御守殿のしり迄つめる」という意

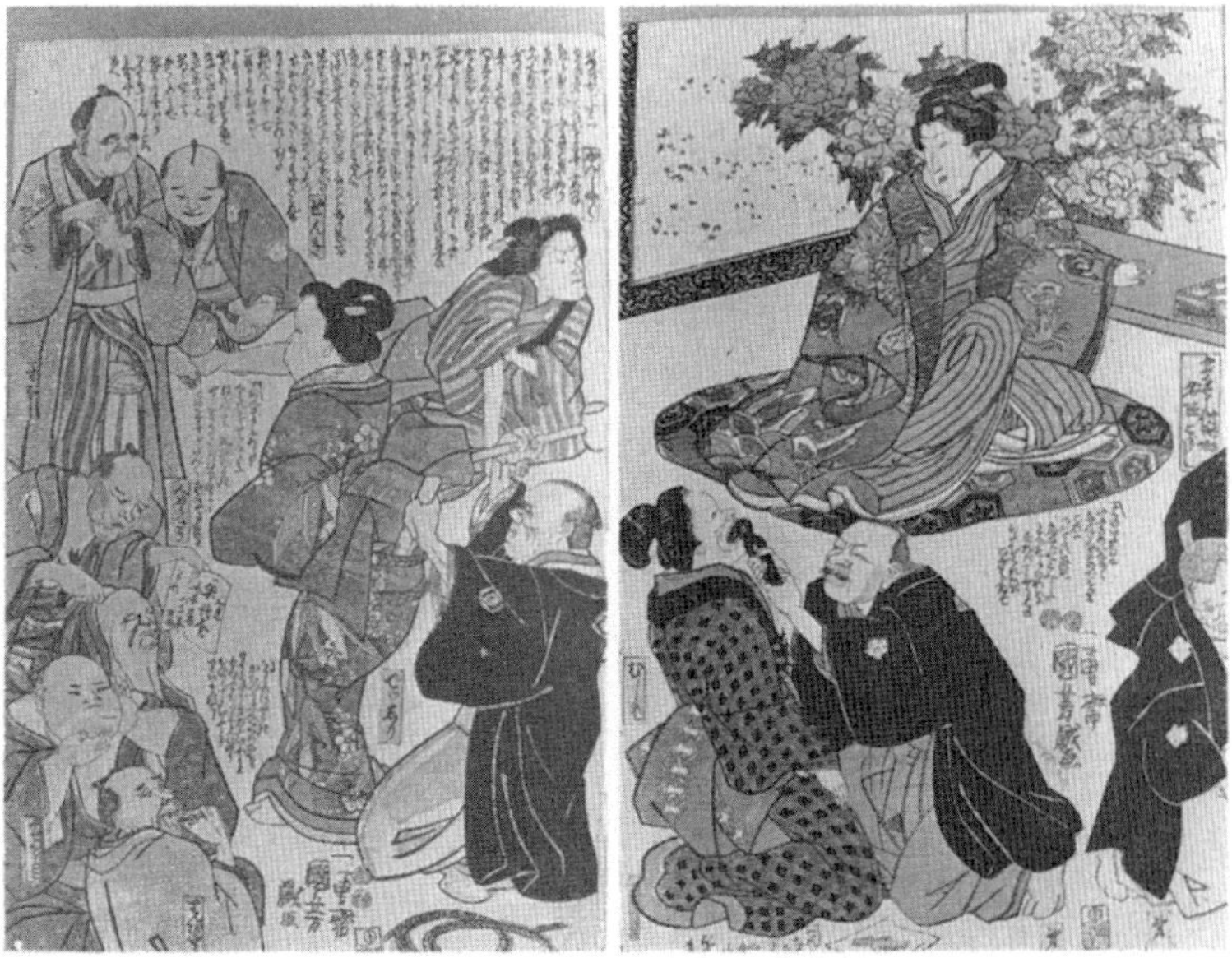

図43　きたいなめい医難病療治

（歌川国芳，東京都立中央図書館東京誌料所蔵）

味であるという等の評判が広まり、絵は残らず売り尽すばかりか、売れに売れて摺りがまにあわないという状態になった。そのころの市中の評判は、大痘痕《おおあばた》は十二代将軍家慶《いえよし》だから、わざと女形に描かれている——女人の間にいるから男であっても女の形としてある。近眼は老中阿部伊勢守正弘だ——鼻の先ばかり見えて遠くが見えない。一寸法師は老中牧野備前守忠雅《ただまさ》だ——万事心が小さい。足の悪いのは寿明姫であるなどの噂であった。

また坪井信良《しんりょう》の兄宛の書簡によると、売出し後三日目に販売禁止、絶板となった。しかし板元はあらかじめ絶板を予想して数万枚も摺りだめをしていたという。販売禁止となったためますます人気が出て、朝市と同じように人々は争って求めた。三枚で六〇文が八〇文となり、さらに三〇〇文から五〇〇文、そして一分二朱にまで高騰した（『藤岡屋日記』）。また蘭医坪井信良の家兄宛書簡によると、絵には竹斎娘とあるのは実は老女綾小路《あやのこうじ》で、役人の進退などは多分この人の指揮にあるとまでいわれた。磁石を持つ弟子は、京都所司代《しょしだい》酒井若狭守信明、疝気《せんき》は側衆の夏目左近将監信明、人面瘡は勘定奉行の久須美佐渡守祐明、痩男は町奉行井戸対馬守覚弘《さだひろ》、淋病は老中戸田山城守忠温《ただよし》であるなどといいはやした（宮地正人編『幕末維新風雲通信—蘭医坪井信良家兄宛書翰集—』）。

このように市中であまりにも評判となったため、画工の国芳は町奉行所に呼ばれ尋問をうけた。そのとき国芳は私の新工夫ではなく、文化二年（一八〇五）式亭三馬《しきていさんば》の『一人娘二人婿嬲訓歌字尽《なぶるともよみうたじづくし》』にろくろ首の娘のことがあり、それを描いたのだと返答している。

なお成稿後、岩下哲典氏の「幕末風刺画における政治情報と民衆――歌川国芳『きたいな名医難病療治』にみる民衆の為政者像――」（大石慎三郎編『近世日本の文化と社会』雄山閣出版、一九九五年）を得た。この絵について詳細な検討が加えられてある。右によると、「はななし」は、老中松平乗全《のりやす》とその嫡子の二人をさし、「でっしり」の療治をする弟子は、若年寄遠藤但馬守胤緒《たねお》であるという。

とにかくこの錦絵は大評判でよく売れたので方々で贋板《にせ》が出た。贋板の最初は越前屋平助と板木屋太吉の共有であったが、のち別々にそれぞれが彫り足したので二通りの板木（それぞれ三枚続き）となり、めいめい勝手に板行した。三番目は伊三郎（一枚）、四番目は芝口三丁目和泉屋宇助（一枚）、五番目は釜屋藤吉（一枚）というように六板、本板を入れると七種のものが刊行されたわけである。最初遠州屋彦兵衛が摺り出したとき卸値は一〇〇枚につき二貫三〇〇文であった。それがしだいに贋板が出はじめたので二貫文に、さらに一貫六〇〇文、一貫二〇〇文と値下げしていき、ついには一〇〇枚につき卸値一貫文または二朱となった。七月二十五日に遠州屋彦兵衛は北町奉行所に訴えたため、八月一日より贋作を配りはじめた釜屋藤吉は同月十日に板木を没収された。同月二十五日に掛名主が寄合い、釜屋藤吉と越前屋平助は板木・摺本ともに取り上げられ、板は削られ摺本六〇〇枚は掛名主自身が庖丁で切り捨てる処置をとったのである。

押寄せる世界の波
―ペリーの前ぶれ

ペリーの来航より四年ほど早い嘉永二年（一八四九）の閏四月八日、イギリス軍艦マリナー号が江戸湾に姿を現わした。江戸湾と下田港を測量するためであった。彼らは水や食料の補給を口実としたが、同艦は九日に江戸湾を測量し、翌十日には下田に入港して五日間ほど港内を測量した。日本側も警戒心を抱き、特に最初の夜は四〇〇隻の小舟をだして同艦を包囲し、陸上では篝火《かがりび》をたいて万一に備えた。マリナー号も大砲に弾丸を装塡《そうてん》して戦闘準備のまま夜をあかした。このような両者の緊張に、江戸や下田では人心は穏やかではなかったようである。

このマリナー号の噂をいち早く耳にした西久保の砂政とほかの一人は、共謀して早速に船を半紙一枚半摺りにして売子五人に卸し、八文宛で「唐人船の次第を御《ご》ろうじろ」とばかり江戸中を売ってまわらせた。この種のものはなんといっても〝早さ〟が勝負である。そのため絵草紙掛名主の改印をうけるという、正規の手続きをふんではいられない。また容易に許可になりそうもないものは、改印のないまま無断で出版する。そして短期間に売りさばき、売り逃げしてしまうのが彼らの常套《じょうとう》手段であった。ところが同月二十日に全員が捕えられ、品物は没収、板元の二人は手鎖《てぐさり》となった。

いっぽう、アメリカ政府は、弘化二年（一八四五）米清通商条約批准交換のため、アメリカ東インド艦隊司令長官ビッドルを派遣した。彼の率いる二隻の軍艦は翌三年閏五月二十七日に浦賀沖に姿を現わした。ペリー艦隊の来航にさきだつこと七年前のことである。急報をうけた老中阿部正弘は、外国との通商を新たに開くのは国禁であること、外交は長崎で扱うことを通告した。ビッドルは、日本の開国する意志の有無を確認することが、自己に課せられた任務であると理解していたため、右の返事を受けると平穏に退去した。右のように、このころになるとようやく世界の波が日本におしよせ、外圧の高波に何となく世相がざわめき始めるのである。それが瓦版や錦絵の出版にも反映されるようになった。

嘉永三年四月ごろ、「異国船焼討の図」が出たというが詳らかでない。同年六月十七日、芝神明前和泉屋市兵衛より芳虎画「(高松城)攻戦図」(六枚続き、図44)が板行になった。それは『太閤記』より秀吉が備中国高松城を水攻めにした故事を描いたものであった。しかし城の付近が一面に水びたしになっているところは、まるで海のようであった。そのうえ船から三重の櫓へ石火矢《いしびや》を恐ろしいほどに打ちかけている有様は、さながらイギリスの軍艦が浦賀へ押しよせてくれば、きっとこのようになるであろうかと思われるような絵であった。

右の絵は最初、掛名主の改印を受けるときは三枚続きであった。そのうえ石火矢も煙もなく、さほどすさまじい絵ではないので名主は気づかず許可したのである。その後板元で着色し煙を書き加えるなど、恐ろしくすさまじい様子に描き、異国人が江戸城を攻撃しているかのように描きなおした。そのため市中で大評判となり、同月二十五日に絵は引き込めさせられたが、石火矢を取り除いてまた出版したとのことである。

図44　（高松城）攻戦図
（歌川芳虎，東京都立中央図書館東京誌料所蔵）

またこのころ、貞秀画「四国合戦伊予掾純友《いよのじょうすみとも》謀反船軍焼討之図」（三枚続き）が馬喰《ばくろ》町山口屋藤兵衛から板行されていた。ところが七月十一日、掛名主八人が寄合のおり、軍船の様子がいかにもイギリスの軍艦に似ていると問題になった。そのため、絵はさきに名主改印をうけていたにもかかわらず、販売をさしひかえるよう命じている。

大ふぐに当たった役人

八月三日、絵草紙掛名主がしばしば寄合に使用する通三丁目の寿屋に絵草紙屋たちが呼び出され、町方定廻りも二人出席のもとでいろいろ取調べがあった。それは富士山の下で石火矢の稽古のおり、大筒の発砲による大音響と煙に驚いて立ちあった数人の武士が、床几《しょうぎ》をひっくり返して倒れている絵を、町奉行の命令で買い上げることについてであった。掛名主たちはいろいろと調査したが、まったく手がかりはなかった。それは、さきに浦賀表で大筒の試射があったおり、立ちあった勘定奉行の石河土佐守政平と目付の本多隼之助の二人が、三六貫目の大筒の音に驚いて床几より倒れて気絶したという噂を描いたものが、板行されていたからである。八日にふたたび寿屋に市中の絵草紙屋二四人を呼び出し、掛名主八人が出席して右の錦絵を内緒で売ったものや、彫刻したもの、摺ったものなどについて厳しく取り調べた。しかしやはり手がかりはなく、二四人の絵草紙屋より今後なんらかの情報が入ればただちに知らせるという、請書を提出させている。右の大筒ためし横画一枚絵は、浅草馬道絵草紙屋杉屋清兵衛の板行ということである。

これとは別に、大鰒《おおふぐ》の腹の下に大勢の人間が倒れている絵が刊行されていた。それには大きな鉄砲が描かれてあり、「ふぐ」には鉄砲の異称という意味があるから、大鰒＝大きな鉄砲＝大筒で、大筒の音で驚き倒れているという「はんじもの」である。板元は芝神明町丸屋甚八で、板行してもすぐに引込めたようである。また雷の屁ひりの絵も出たが、それも大筒の謎であるから引込めさせたということである。これらはともに勘定奉行や目付たちが大筒の音に気絶した事件をあてこんだ判じ物である。

同じ八月五日、国芳・芳藤《よしふじ》・芳虎・芳艶《よしつや》・貞秀の五人は連名で南町奉行所の隠密廻り・定廻りに始末書を提出している。その大要は、絵の人物に不似合な紋所を入れたり、異様な形をした亡霊に紋所を付けたりしない。そのほか時代違いの武器を取りあわせたり、まぎらわしいものを描いて、とかく人々を疑わせ考えさせるようにもっぱら工夫するようなことは、もってのほかである。たとえ板元の注文があっても絵師がことわれば、いかがわしい絵ができるはずはないのであるから、慎むようにする。絵師たちのうち、私どもは特に宜しくないとお耳に達しているのは、重々恐れ入りました。今後は云々と続くもので

（『市中取締類集』）、国芳などはこの方面での要注意人物であったことが判明する。また板元が絵師に注文して描かせることもあるが、画材に珍奇さを求める時勢の傾向と、さらに国芳の江戸っ子的性格と奇才を見逃すことはできない。さらにこれが同人の弟子（当時芳藤は国芳のもとに同居）や同門の人々に少なからぬ影響を与えていたことが知られる。

諸問屋再興は振袖の始

翌年九月三日の配りに「本朝《ほんちよう》振袖《ふりそで》之始《のはじめ》」横絵一枚があった（図45）。袋には目吉の化物蠟燭に累与《かさねよ》右《え》衛門《もん》土橋の図が描いてある。板元は神田久右衛門町の板摺彦兵衛で、配りは馬喰町三丁目徳三郎である。おりからの諸問屋再興のことをさる屋敷で趣向をこらし、絵にして板行したのを彦兵衛に売るように申しつけたので、彦兵衛は何もわからぬまま売り出したという。その図は素戔嗚尊《すさのおのみこと》が妖怪を調伏しているところで、稲田《いなだ》姫は神鏡を持ち、その輝く光に多くの妖怪が驚き騒いでいる有様を描いたものである。光に照らされて闇から浮んでみえる妖怪は売女屋、髪結床《かみゆいどこ》、絵草紙屋、箱屋、玉子屋など多数である。それに対して株が定まり素戔嗚尊の前に平伏して手判を押しているのは豆腐屋、両替屋、水鳥屋などである。右の絵は、はじめ四枚宛に配り三六文宛に売り出したところ、あまりにも評判が高くなったので、一〇〇文で売ったものもあった。町の噂が広まったため、七日には定町廻同心《じょうまちまわりどうしん》が絵草紙屋に吊してあったのを

図45　本朝振袖之始素盞烏尊妖怪降伏之図

(『江戸大地震絵図』埼玉県立博物館所蔵)

残らず没収してしまったという。そのごなんらの指示もなかったため重板が二つ出た。橋本町板摺と浅草地内ならべ本屋ということである。翌五年（一八五二）二月より改印は、名主の両印と年月印の三個に改められた。

浮世又平名画奇特

嘉永六年（一八五三）、国芳画の著名な大津絵「浮世又平名画奇特《うきよまたへいめいがきとく》」（二枚続き、図46）は、六月六日草稿を掛名主立会いの席に持参し、特に支障はないと改印をうけた。そして六月中旬より刊行となった。板元は浅草東岳寺門前嘉兵衛店越村屋平助である。右は元来はつぎのように三芝居の歌舞伎役者に見立てたものである。

浮世又平	市川小団次
雷	浅尾　奥山
若衆	中村翫太郎
福禄寿	坂東佐十郎
座頭《ざとう》	市川広五郎
鬼	嵐　　音八
奴	中村　鶴蔵

弁慶　　中山　市蔵
猿　　中山文五郎
娘　　中村　愛蔵
大黒　　嵐　冠五郎

ところがこの六月三日にペリーが浦賀に来航し、泰平の世は突如として騒然となった。当時の江戸市中は「世上物騒がしく、右一件（筆者注—黒船来航）を描いたものであるはずはないが、当時は世上の人気は悪く、上《かみ》を敬《うやま》ふ事を知らず、そしり侮《あなど》り、下《しも》をしてかみの愁ひを喜ぶごときやからが多い」（『藤岡屋日記』）といった様子であった。そのため図中の人物を将軍をはじめ幕閣とみなし、各人がさまざま勝手に面白おかしく判断し、噂を広めていったので市中では大評判となった。八月一日ごろより大売れに売れて、毎日一六〇〇枚ずつ摺るほどの売れゆきであった。ときの落首に、

一軒で当り芝居はゐちむらや　からき浮世も時に逢ふ津屋

というのが出た。

巷の評判

市中の浮説はさまざまで、その大要はつぎのようなものであった。

図46　浮世又平名画奇特

（東京都立中央図書館東京誌料所蔵）

浮世又平　　　　　　　　　　　　水戸の御隠居
　　　　　　　　　　　　　　　　市川　小団次

評、水戸の前黄門斉昭《なりあき》卿の御幼名は敬三郎といって、部屋住のおりは口も耳も不自由なようにしており、家督ののちは急にかしこくなる。あまり利口すぎて我儘《わがまま》になり、増長して国中の堂や社をつぶし、釣鐘を大筒に鋳直《いなお》したりする騒ぎをしでかすから、押込《おしこめ》隠居となる。そのご御免となり、またまた今度引きだされて浮世にまた出て、世を平らげるから浮世又平だ。

鬼の念仏　　　　　　　　　　十二代の親玉（将軍家慶のこと）
　　　　　　　　　　　　　　嵐　　音八

評、鬼というものは世界にはいないということである。寛政五年（一七九三）癸丑《みずのとうし》の御生れで、鬼門は丑寅の間で、牛の角に虎皮の脚半をし、怒った赤い顔をしているから、これもまた鬼だ。奉加帳は西丸の御普請上納金であるが、せっかく帳面に記してあるのに残らず返却したのは隠居（水戸斉昭）の取りはからいだといって、鐘木を振りあげている。また傘を一本背負っているのは、天が下をおさめる尊き御身も、死出の旅路は道連れもなく、ただ傘一本で雨露をしのぐ有様に涙をこぼし、急に気がついて後生心が出たから、これが鬼の念仏だ。

福　禄　寿　　　　　　　　十三代目（将軍家定《いえさだ》）

坂東　佐十郎

評、文政七年（一八二四）申年の御生れ。生まれつき利口なのと、御病気のために首を振ってきゃっ〳〵と駆けまわる故に、軍配団扇《うちわ》の印に九棒には少ないが、中は赤いという。今迄は馬鹿のように思われていたのが急に利口になり、万事行届きすぎるから、大黒が今からそんなに利口ぶってはならぬと、頭をおさえている。御末子であるが只一人残って家督をつぎ、天下を治めているから福禄寿だ。

藤　娘　　　　　　　　新下御台所

又姉の小路とも

中村　愛蔵

評、御縁組はいずれ五摂家で、御紋は下り藤。今迄の夫人は体が弱かったが、今度のは達者（丈夫）だとばかり藤を振りまわしている。これは急に不時の御下りだからふじ娘だ。また姉さまは、これまで用いられ大姉だとかき廻していたところ、急に不時に御目通り差控に下げられて難儀する故に、ふじ娘だ。

鷹匠の若衆　　一ツ橋七郎麿（慶喜《よしのぶ》の幼名）

中村　翫太郎

評、着物の印が七郎丸で、始終の〆くくり袴をかんがえ、鷹野《たかの》に出ても一ツ橋を飛びこえて駈まわる、すこやかな御若衆だ。

猿になまず　　水戸にアメリカ

中山　文五郎

評、日本国中をゆるがす異国の大鯰《なまず》と、御国の鹿島要石《かなめいし》で押えて居る。また中の御事は西丸様（家定）にて、日本をゆるがす異国人を瓢箪《ひょうたん》の大筒でおさえる。ぬらくらしても瓢箪でなまずだ。

雷　　大筒稽古に

アメリカ人

浅尾　奥山

評、大筒の音は雷のように諸人を驚かす。錨《いかり》で海の浅深を測るのも人に嫌われる顔役。臆病者はいっそのこと奥山に逃げて行こうというから、異国船の上へ、びっしゃり落ちて、雷火で焼殺せば、これがほんのかみなりだ。

赤坂奴
紀州（慶福《よしとみ》のち家茂《いえしげ》）
中村　鶴蔵

評、御先祖は有徳の君（八代将軍吉宗）と聞く。千代万代も栄うべし。ほかに又とはない血筋である。一本鎗の御道具を振ってふり込む。西の国入れは、かさなる二重橋。昇り詰めた奴凧《やっこだこ》である。またこれを福山（老中阿部正弘）ともいう。あまり一人でやりすぎたので、裸足《はだし》になって逃げるという。

大　黒
御内証の御方に長岡
嵐　冠五郎

評、福禄寿の頭へ替紋の梯子をかけて登る。そのように今から利口ぶっては悪いと、頭をおさえている。自分も上を見ないようにといって頭巾を冠っている。これぞゆるがぬ御棚の大黒。表むきは後ろへさがっていても、内証で奥向きを取締って守護しているから、内仏の大黒だ。

弁慶鐘
芝に上野
中山　市蔵

評、弁慶が三井寺から大釣鐘をかついで行く途中、投げたところが三縁山。いよいよ大かね増上寺。真に徳がつきましたと、力《りき》みちらせしかげ弁慶。

座　頭　　　　　福山（阿部伊勢守正弘）に筒井（伊賀守政憲《まさのり》）

市川　広五郎

評、御役はじめのころは、浜松の嵐（水野忠邦の天保改革）にかわる伊勢の神風などとほめそやされた。それから段々と出世して、格式は上り御加増もあって頂上に達すると、皆々憎みねたみだしたのは当代の人々の気風であり、誰一人としてよく云うものはない。しかしながら若年で諸人の上に立って老中の勤めをしているのは、なかなか人のおよぶところではない。人は阿部のことを盲目のようだというが、きっと目のあいた座頭だ。

また、筒井政憲は、先祖から日より見の順慶《じゅんけい》だといわれているが、敗軍しなかったし、当代になっても長崎奉行を勤めた。町奉行になっても、相手の榊原主計頭忠之《ただゆき》は評判がよくて大目付に投げこまれたが、筒井は評判もないまま町奉行の大役を長く勤めた。そして今は西丸御留守居におしこまれても、なくてはならない人とみえて聖堂に引き出され、異国えびすの文字さえ読みあきらめるから、是は盲目ではない、目明の座頭だ。

右のような大津絵の判読（『藤岡屋日記』）は、三田村鳶魚《えんぎょ》の解読（「国芳の大津絵」『浮世絵』三）とかなり異にするものがある。それは「はんじもの」の持つ性格上、当然であろう。参考までに両者の比較を表2に示しておきたい。

国芳の調査書

右の大津絵の評判があまりにも高いので、老中阿部正弘は町奉行に取調べを命じた（『嘉永撰要類集《かえいせんようるいじゅう》』）。そこで国芳の行状が隠密廻りによって探索されたが、その報告書のなかに、つぎのようなことが記されている。

天保十二年以来、絵類の取締りにより、遊女歌舞伎役者の似顔絵は禁止となった。そのため武者絵や風景画などの注文はあっても、売れゆきは激減した。国芳は画才があるので奇怪な絵を売出したところ（傍点筆者）、人々は種々推考しさまざまな浮評が生じたので、争って買い求められ、絵草紙屋や板元は大変な利益を得た。そのため国芳へ注文が多くなった。右の絵類のなかには浮評が強いため絶板となっても、なお購買しようとする者が多いため、内緒で摺りためておいた絵が、高価で競って売買されるほどの人気である。それ故に板元や絵草紙屋たちは、思いがけないほどの利潤があるのが当然のようになり、とかく異様な絵を板元たちは注文するようになった。……（その後）奇怪な絵類はすべて禁止となった。踊形容の似顔絵は豊国のほうがすぐ

表2　大津絵の諸判読

事柄	出典『藤岡屋日記』	出典 三田村氏所蔵大津絵添付紙片	出典 三田村氏解説
浮世又平	徳川斉昭	(ナシ)	(ナシ)
げほう	(ナシ)	カイゾクバシ	老中牧野備前守忠雅(海賊橋に屋敷あり)
若衆	一ツ橋七郎麿(慶喜の幼名)	タカハナ	十三将軍家定(袖に「かん」の文字あり、疳性公方＝家定)
やっこ	紀州侯または老中阿部伊勢守正弘	アカサカ	紀州侯(赤坂に屋敷あり)
藤娘(姫)	新御台所または姉の小路	カメイド	藤の枝(大奥のきけもの、年寄)
弁慶	芝に上野(増上寺と寛永寺)	シバ	増上寺(家慶の葬儀をする)
猿	水戸	(ナシ)	(ナシ)
なまず	アメリカ	カジバシ	若年寄鳥居丹波守忠挙(鍛冶橋に屋敷あり)
雷	大筒稽古にアメリカ人	アサクサ	不明
鬼	十二代将軍家慶	ソトカンダ	不明
座頭	老中阿部伊勢守正弘と西丸御留守居筒井政憲	フタツメ	老中阿部伊勢守正弘
福禄寿	十三代将軍家定	(ナシ)	(ナシ)
大黒	御内証の御方に長岡	(ナシ)	(ナシ)

れているので、国芳への注文は減少した。武者絵や風景画などの絵では商売が薄く、国芳の仕事は少なくなった。そのため国芳は図柄に工夫をこらして絵を売出し、人々に何かと推考させ、浮評を生じさせるようにすれば売れゆきは増すであろうと考えたのである。

右のほか国芳は「流行逢都絵希代稀物《ときにおうつえきたいのまれもの》」と題した錦絵を三四年以前（筆者注―嘉永元年）に売出しているが、それは浮評は生じなかった。しかし当六月中に売り出した二枚続の錦絵（「浮世又平名画奇特」）は浮評が生じた。……孫三郎（筆者注―国芳のこと）については前述したほかに不正の行為はないかと探索したが、さしあたり不当な行為はない。

とある（『市中取締類集』）。

国芳が意図した風刺の対象の穿鑿《せんさく》はしばらくおき、右の隠密廻りの返答書により、国芳自身は図中の人物などに（すべてあるいは部分かは不明だが）、なんらかの意味を持たせて描いていたと推定できよう。それを江戸の民衆は思い思いに将軍や大奥、あるいは幕閣などにあてはめ、あれこれと推量して楽しんだのである。やがて浮説、噂が一人歩きしはじめる。そのころになると、もう国芳の意図とはかけ離れたものとなっていたものがあったと思われる。たとえば、ペリー来航直後であったため、町の評判のいくつかは右大津絵をアメリカ人と結びつけているが、前述したようにこの絵の草稿を掛名主へ提出したのは、六月六日である。ペリーの来航は六月三日で、その情報が江戸市中に広まったのは翌四日であるから、この大津絵はペリー来航を意識して描いたとするのは無理であろう。

右の大津絵は掛名主の改印を受けたもので正規の手続きを経ており、改印後の加筆もない。国芳の行状も特にとがめだてするほどのこともないため、町奉行所としては国芳や板元を厳罰にすることはできなかった。しかし、とりあえず町廻りを通して掛名主に販売の中止、板木と摺溜の没収を命じた。これと同時に掛名主の責任が問題となり、八月から掛名主全員の入換えが検討された（『嘉永撰要類集』）。なお、『続泰平年表』によると、国芳は板元とともに過料《かりよう》銭に処せられたとある。

嘉永期の新傾向

『藤岡屋日記』によると、嘉永期江戸において評判となった二八点の浮世絵のうち、美人画・風景画・花鳥画・役者似顔絵・武者絵などのように、従来の浮世絵の題材によるものは、わずか一〇点（三六％）にすぎない。しかも風景画はその板行された作品数はこの時期がもっとも多いにもかかわらず、一つとして評判の絵が挙げられていないのは注目されよう。

浮世絵に時事的なもの、風刺的なものなどの要素が加味されたことによって評判となり、非常な売れゆきとなったのが一七点（六〇・七％）ある。それは全体の過半を占めていることから、嘉永期には従来——少なくとも天保改革前——の浮世絵とは異なった傾向が生じていたといえるのではなかろうか。そして、この傾向は以後幕末にいたるまで引き続いてみられるようである。

嘉永期に評判となった右の一七点の浮世絵のうち、名主改印のないものが約半分ある。報道性をもつものは迅速さが勝負で、名主改印という正規の手続きをしていると、時間の経過からしだいに人々の興味は減退する。また他に出しぬかれてはまったく売れず損失となるため、名主改印のないまま非合法に販売するのがある。また、最初から名主改印がもらえそうもない内容のものは七点ある。無検印の大半はこのような内容のものである。「琉球人行列附」（嘉永三年、若狭屋与市板行、三枚続き）などのように、たんに時事的なものは五点（二九・四％）にすぎない。

ところが「本朝振袖之始」のように、時勢を風刺したもの、「大筒ためし横画」などのように幕閣を揶揄《やゆ》したもの、国芳の「難病療治」や「浮世又平名画稀特」の大津絵のように、将軍や幕閣を風刺しているとして民衆の興味をそそり、その評判の高まりによって大いに売れたものの合計は一二点（七〇・六％）を数える。風刺的意味をもった浮世絵は、全体よりみれば微々たるものにすぎないであろうが、市中で人々の評判をえたもののなかで、風刺的作品がかくも高い比率を示していることに注目したい。それは嘉永期江戸の民衆は、幕府・幕閣にたいしてより批判的となり、嘲笑をも含めたものが浮世絵に表現されることを喜んで求めていたことを示すものである。

これら嘉永期浮世絵のもつ顕著な傾向は、板元である地本草紙問屋の面からも考察を加えなければならない。天保改革によって高価な贅沢品は禁止となり、浮世絵も摺りの編数が制限されたうえに値段も一枚一六文と定められたので粗末なものしか板行できない。板元はいきおい販売数で利益をあげざるをえなくなる。「せちからき世の人気にて兎角ニむつかしかろと思ふ物でなけれハ売れぬ」（嘉永元年『藤岡屋日記』）ため、「兎角異様之絵類を板本共注文いたし候様相成」（嘉永六年『市中取締類集』）ってくるし、絵師もまた板本の意向を汲んでそれにこたえようとする。このような背景のもとに国芳の「浮世又平名画稀特」などが描かれる。国芳の奇才は高く評価されなくてはならないが、右のように板元である地本草紙問屋のあくことのない利益追求のため、板元の主導によって評判の浮世絵が作り出されていく現象が明瞭に認められる。この点において従来の浮世絵と、天保改革以降——少なくとも嘉永期以降の浮世絵とは一時期を画するものではなかろうか。

あとがき

歴史をいきいきと身近に感じさせるものとして、とくに社会や世相の移り変わりや庶民の歴史をみるとき、彼らの偽らぬ真情を吐露したものや流行物は有用である。その点で、落首や落書それに政治小咄などとともに、もっと活用されてよいと思われるものに風刺画がある。

風刺画のなかには戯画と区別し難いものが多く、また児戯に等しいものとして往時より軽視されがちであった。そのうえ幕末になってようやく大量に板行されるというように、時代的なかたよりなどもあって、歴史学では風刺画を取りあげることは少ない。美術史のほうでも芸術的価値の観点から、さほど重要視されることもないようである。わずかに民俗学で錦絵などが着目されているにすぎない。

このように風刺画はあまり注目されていないが、天保改革のさなかに歌川国芳が大胆にも風刺画を描いているのに注目して、筆者は以前小論を発表したことがある。これと前後して天保改革期や嘉永期の浮世絵、出版統制等について二、三の小論を執筆したことがあった。それらが基盤となり、江戸町人研究会の西山松之助先生のおすすめにより本書を執筆する契機となった。研究会では、本書名のテーマで発表させていただき、西山先生をはじめ、研究会の方々から数々のご示教を賜わった。また鈴木重三先生には何かとご指導をいただき、木村八重子氏からは貴重なご教示を得た。こうした方々のご援助がなかったら、いまだ成稿していないであろう。改めてこれらの方々にお礼を申し上げる。

本書に掲載した風刺画の所蔵先は分散しており、吉川弘文館の大岩由明氏、杉原珠海氏をわずらわせることが多く、ご苦労をおかけした。記して感謝の意を表したい。また資料の閲覧をはじめ撮影・掲載を許可された関係各位に、改めてお礼を申し上げる。

一九九七年六月

南　和　男

著者紹介

一九二七年、大阪府に生まれる
一九五一年、国学院大学文学部国史学科卒業
現在駒沢大学教授、文学博士

主要著書

幕末江戸社会の研究　江戸の社会構造　維新前夜の江戸庶民　江戸っ子の世界

歴史文化ライブラリー
22

江戸の風刺画

一九九七年八月一日　第一刷発行

著者　南《みなみ》　和《かず》男《お》

発行者　吉川圭三

発行所　株式会社　吉川弘文館
東京都文京区本郷七丁目二番八号
郵便番号一一三
電話〇三―三八一三―九一五一〈代表〉
振替口座〇〇一〇〇―五―二四四

印刷＝平文社　製本＝ナショナル製本
装幀＝山崎　登（日本デザインセンター）

歴史文化ライブラリー

1996.10

刊行のことば

現今の日本および国際社会は、さまざまな面で大変動の時代を迎えておりますが、近づきつつある二十一世紀は人類史の到達点として、物質的な繁栄のみならず文化や自然・社会環境を謳歌できる平和な社会でなければなりません。しかしながら高度成長・技術革新にともなう急激な変貌は「自己本位な刹那主義」の風潮を生みだし、先人が築いてきた歴史や文化に学ぶ余裕もなく、いまだ明るい人類の将来が展望できていないようにも見えます。このような状況を踏まえ、よりよい二十一世紀社会を築くために、人類誕生から現在に至る「人類の遺産・教訓」としてのあらゆる分野の歴史と文化を「歴史文化ライブラリー」として刊行することといたしました。

小社は、安政四年(一八五七)の創業以来、一貫して歴史学を中心とした専門出版社として書籍を刊行しつづけてまいりました。その経験を生かし、学問成果にもとづいた本叢書を刊行し社会的要請に応えて行きたいと考えております。

現代は、マスメディアが発達した高度情報化社会といわれますが、私どもはあくまでも活字を主体とした出版こそ、ものの本質を考える基礎と信じ、本叢書をとおして社会に訴えてまいりたいと思います。これから生まれでる一冊一冊が、それぞれの読者を知的冒険の旅へと誘い、希望に満ちた人類の未来を構築する糧となれば幸いです。

吉川弘文館

〈オンデマンド版〉

江戸の風刺画

歴史文化ライブラリー
22

2017年（平成29）10月1日　発行

著　者　南《みなみ》　和《かず》男《お》

発行者　吉川道郎

発行所　株式会社　吉川弘文館

〒113-0033　東京都文京区本郷7丁目2番8号
TEL　03-3813-9151〈代表〉
URL　http://www.yoshikawa-k.co.jp/

印刷・製本　大日本印刷株式会社

装　幀　清水良洋・宮崎萌美

南　和男（1927～）

ISBN978-4-642-75422-4